PA4

(7~8세)

해결전략

이 책을 보시는 부모님들께

머리가 좋아야 수학을 잘 한다는 말이 있습니다. 또, 수학을 잘 못하는 아이는 아빠, 엄마의 머리를 물려받아서 그렇다는 등의 난데없는 유전자 논쟁이 벌어지기도 합니다. 하지만 많은 사람들의 일반적인 생각과는 달리 이는 근거없는 이야기입니다. 외국의 한 연구 기관에서 언어, 사회, 수학, 과학의 네 가지 분야 중 어떤 것이 아동의 선천적 재능에 영향을 받는지 조사한 연구 결과를 발표했는데 일반적인 예상과는 다르게 선천적 재능에 영향을 받는 순서는 사회, 언어, 과학, 수학 순이었습니다. 다시 말해, 수학은 여러 학문 분야 중 선천적인 재능보다는 후천적인 환경이나 교육자, 학습자의 노력에 가장 큰 영향을 받는 학문이라 볼 수 있습니다. 수학의 가장 기본이 되는 '수 영역'의 예를 들어 보겠습니다. 아이들이 수를 처음 접하는 시기의 차이는 있지만 실제 수에 대한 감각과 수를 다루는 연습은 생활 속에서의 체험이나 다양한 활동, 학습 속에서 이루어집니다. 즉, 수학의 가장 기본이 되는 수는 선천적으로 가진 재능과는 거의 연관이 없으며 자라나면서 어떤 환경에 놓이는지, 얼마나 많이 수를 생각할 수 있는 기회가 있는지, 나이에 맞는 올바른 학습을 만날 수 있는지에 좌우됩니다. 그러므로 아이의 수학적 발달에 문제가 있다면, 그 아이가 누구를 닮아서 그런지, 지능이 떨어지는지를 따질 것이 아니라 수학적 힘을 기를 수 있는 학습 환경을 어떻게 만들어줄 것인가를 고민해야 합니다.

국제영재교육연구소의 랜즐리 소장은 영재의 기준을 마련하기 위해 여러 연구를 시행한 결과, 영재의 공통적인 특징들을 발견하였습니다. 첫째는 115 이상의 지능지수(IQ), 둘째는 창의력(Creativity), 셋째는 동기적 요소라고 부르는 끈질긴 근성과 과제집착력이었습니다. 이들 세 가지 요소 역시 선천적으로 타고 나는 부분도 물론 있겠지만 대부분 후천적인 학습이나 교육 활동을 통해 기를 수 있는 능력이라는 데에 이의를 제기하기는 힘듭니다.

이처럼 수학적 능력은 후천적 학습 환경에 주로 좌우되며, 특히 어린 시절에는 그러한 경향이 더더욱 두드러집니다. 하지만 우리의 아이들을 둘러싼 수학적 환경을 다시 한 번 돌아봅시다. 초등학교를 들어가기 전부터 과도한 학습량과 무의미한 반복 활동, 이후의 수학 학습에 오히려 방해가 될 정도로 무리한 선행 학습 등의 환경은 아이의 수학적 힘을 길러주기보다는 수학에서 가장 중요한 창의적 사고력을 기를 수 있는 기회를 박탈함과 동시에 수학에 대한 흥미를 급속하게 떨어뜨리게 하여 수학으로 문제를 해결하려는 의지, 즉 수학적 동기를 스스로에게 부여하는 것을 불가능하게 만들어 버립니다. 중요한 것은 남들보다 먼저, 그리고 더 많이 수학적 지식을 머리 속에 주입하는 것이 아니라 태어나서부터 누구나 가지고 있는 수학에 대한 관심, 그리고 수학으로 생각하는 힘을 일깨워주는 것입니다.

수학을 잘할 수 있는 힘, 수학적 잠재력은 이미 여러분 아이들의 머릿 속에 줄곧 있어왔습니다. 단지 어떤 아이는 그것을 찾아내어 드러낼 수 있었고, 어떤 아이는 꼭꼭 숨긴 채 평생 드러나지 않을 뿐입니다. 이러한 수학적 잠재력에 대한 참신한 자극 – 생각을 두드리는 '노크'를 제안하려 합니다. '노크'는 수학적 지식과 스킬만을 무리하게 밀어넣지 않습니다. 왜 수학을 해야 하고, 어떻게 수학으로 가능한지 끊임없이 스스로 생각하게하는 계기로서의 활동이 되려 합니다. 일상으로부터 괴리된 학문으로서의 수학이 아닌, 삶을 살아가며 반드시 키워야 할 논리적, 합리적 사고력을 기를 수 있는 누구에게나 가장 중요한 경쟁력으로서의 수학을 주장합니다. '노크'야말로 새로운 수학 학습의 길을 보여주는 방향타가 될 것입니다.

한 현 조

똑!똑! 사고력 수학
노크의 구성

시작 : 생각열기

사고력 수학 주제에 맞는 수학적 상황, 수학사, 생활 속 수학 이야기 등의 자유로운 형식으로 흥미를 유발하고, 수학적 사고를 자극하는 주제별 프롤로그

노크 포인트

문제 해결의 핵심적 원리를 '콕!' 집어서 간결하게 요약한 사고력 수학 주제별 포인트

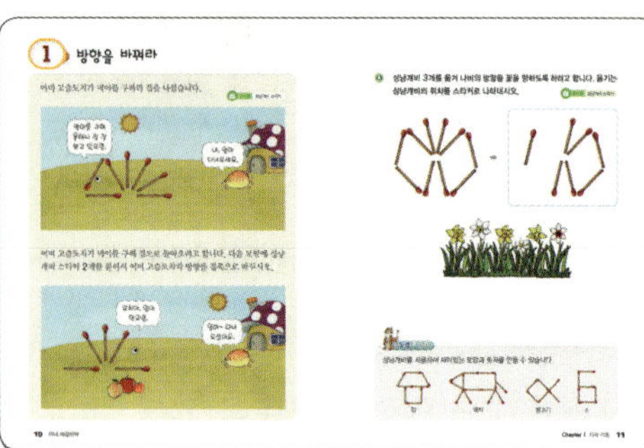

전개 : 유형 탐구

사고력 수학의 대표 유형을 노크만의 새로운 방법으로 차근차근 한 단계씩 익히고 해결하는 단계적 유형 탐구와 이를 통해 익힌 방법적 원리를 적용, 확장하는 확인 문항

수학 요정들의 친절한 충고와 꼬마 요괴들의 밉살스럽지만 유용한 조언으로 어려운 발전 문항의 해결을 돕는 문제 해결 도우미 박스

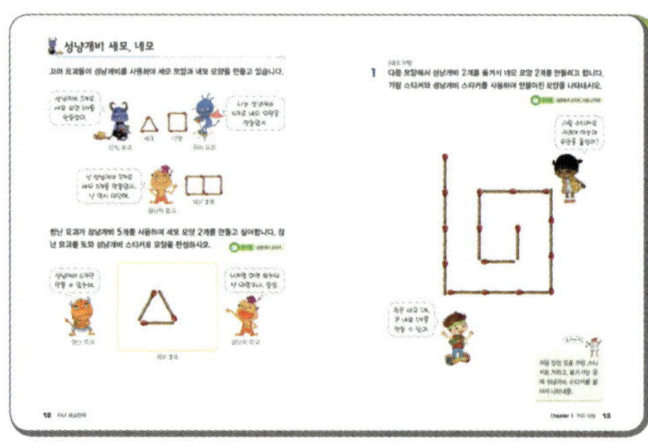

발전 : 창의적 문제해결력

3개의 사고력 수학 주제를 갈무리하는, 한 차원 높은 창의력과 복합적인 사고력을 요구하는 발전 문항의 끝판왕

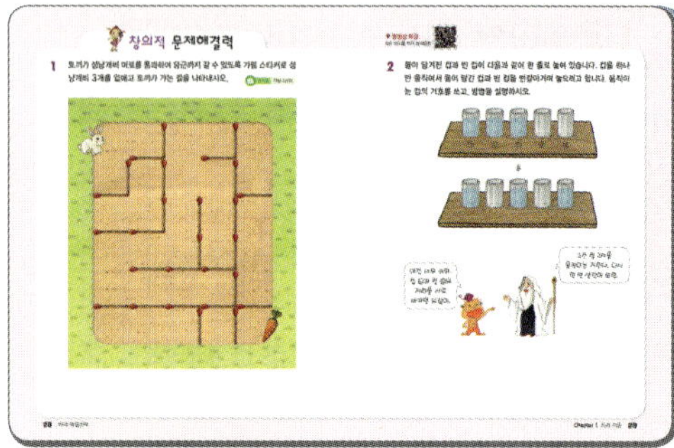

마무리 : 정답 및 해설

본문에 그대로 첨삭된 정답과 간략한 풀이 과정을 통한 사고력 수학 활동 피드백으로 마무리

노크
캐릭터 소개

지식을 되찾기 위해 노크랜드로 떠난 모험가 친구들

태돌
추진력 대장

현우
끈기 도령

티나
치밀한 전략가

큐리
호기심 해결사

마법사 멀린과 수학 요정

마법사 멀린

노크랜드의 지식의 수호자. 지식을 파괴하려는 대마왕의 음모에 맞서 모험을 떠난 친구들의 든든한 조력자.

아르키메데스
페르마
플라톤

파스칼
피타고라스
가우스

유클리드
오일러

대마왕과 꼬마 요괴

대마왕

노크랜드의 지식의 파괴자. 세계를 차지하기 위해 모든 지식을 없애버리려고 하는 요괴들의 두목.

딴소리
한입
장난
잘난척

딴짓
멍하니
잠만자
대충이

산만해
울보
거꾸로
뛰어

이 책의
차례

Chapter 1
자리 이동

Chapter 2
나누어 갖기

자리 이동

방향을 바꿔라

어미 고슴도치가 먹이를 구하러 집을 나섰습니다.

어미 고슴도치가 먹이를 구해 집으로 돌아오려고 합니다. 다음 모양에 성냥개비 스티커 2개를 붙여서 어미 고슴도치의 방향을 집쪽으로 바꾸시오.

성냥개비 3개를 옮겨 나비의 방향을 꽃을 향하도록 하려고 합니다. 옮기는 성냥개비의 위치를 스티커로 나타내시오.

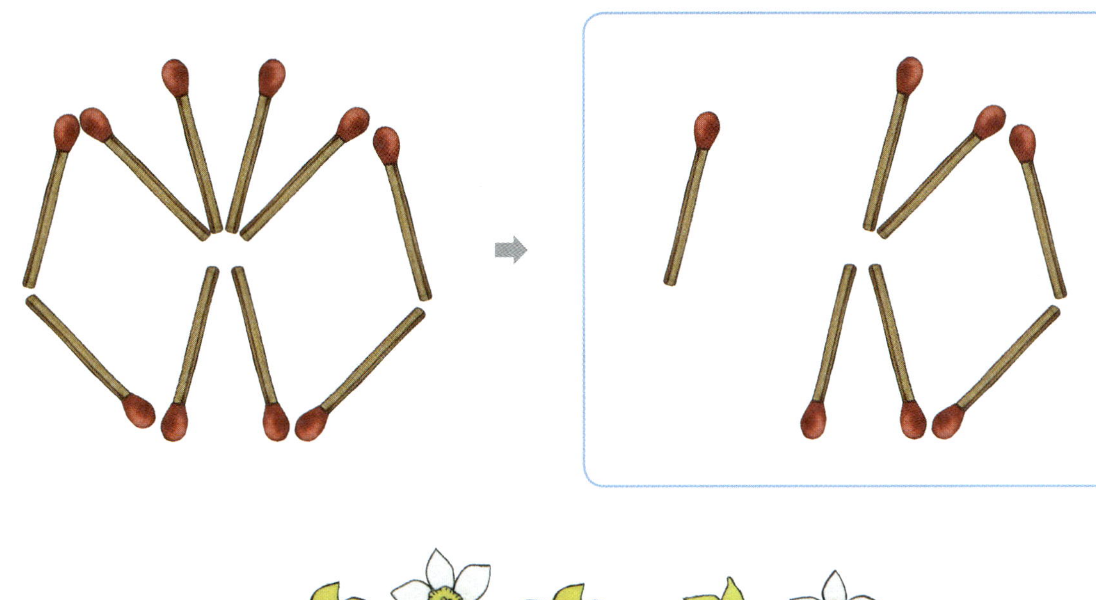

노크 포인트

성냥개비를 사용하여 재미있는 모양과 숫자를 만들 수 있습니다.

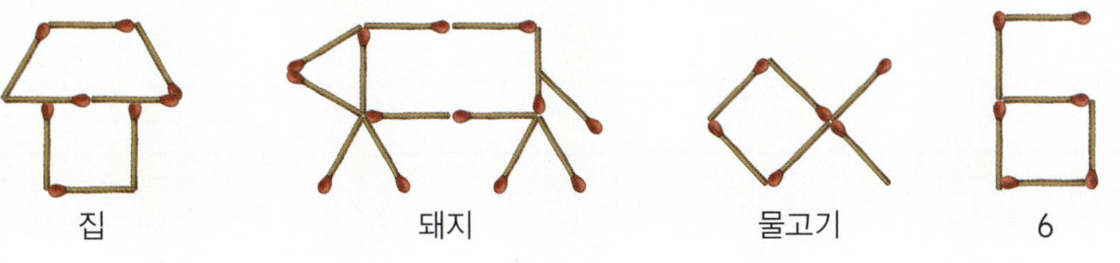

집   돼지   물고기   6

성냥개비 세모, 네모

꼬마 요괴들이 성냥개비를 사용하여 세모 모양과 네모 모양을 만들고 있습니다.

장난 요괴가 성냥개비 5개를 사용하여 세모 모양 2개를 만들고 싶어합니다. 장난 요괴를 도와 성냥개비 스티커로 모양을 완성하시오.

준비물 성냥개비 스티커

1 다음 모양에서 성냥개비 2개를 옮겨서 네모 모양 2개를 만들려고 합니다.
가림 스티커와 성냥개비 스티커를 사용하여 만들어진 모양을 나타내시오.

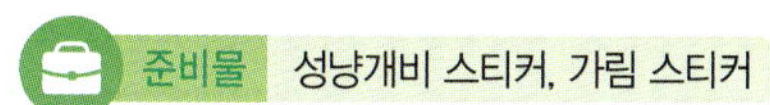

처음 있던 곳을 가림 스티
커로 가리고, 옮겨가는 곳
에 성냥개비 스티커를 붙
여서 나타내렴.

 # 성냥개비 숫자와 식

다음은 성냥개비로 만든 0부터 9까지의 숫자입니다. 조건에 맞는 성냥개비 숫자를 색칠하여 완성하시오.

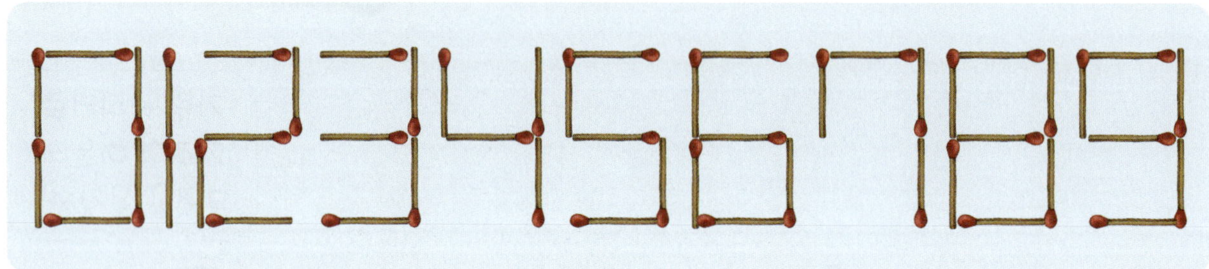

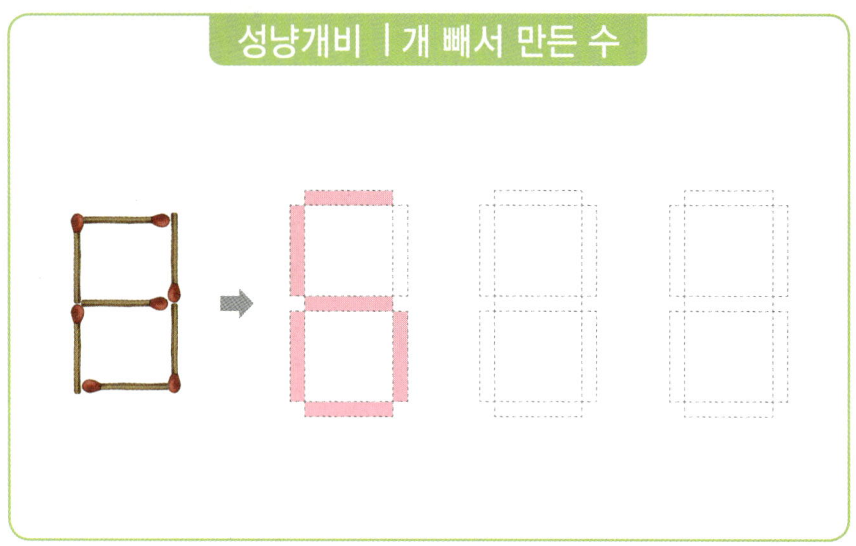

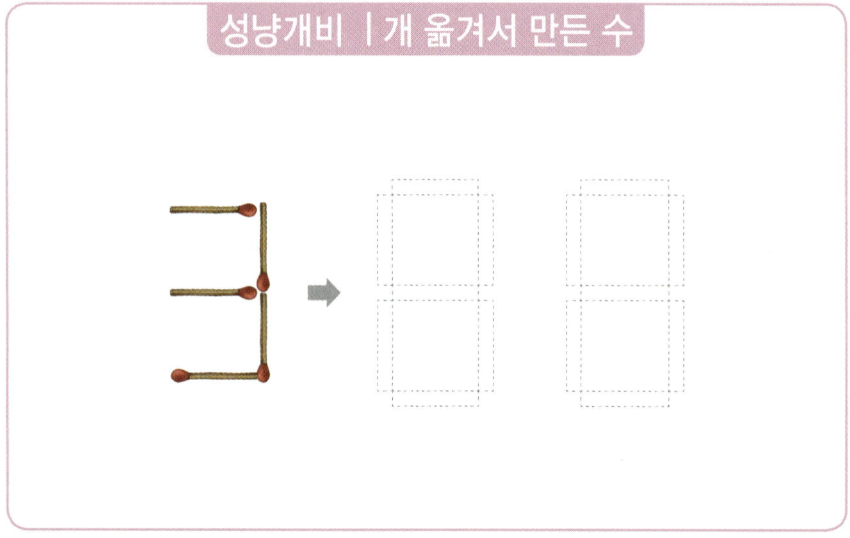

1 잘못된 덧셈식에서 성냥개비 1개를 옮겨 올바른 식을 만들려고 합니다. 성 냥개비 스티커를 사용하여 나타내시오.

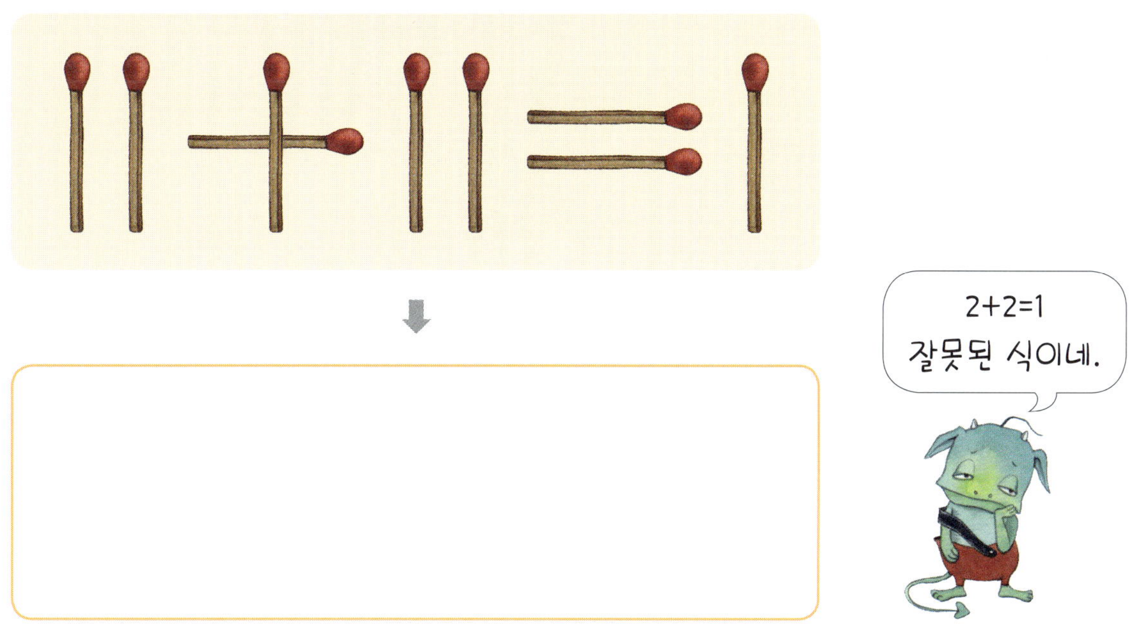

2 성냥개비 10개를 모두 사용하여 올바른 덧셈식을 만들어 보시오.

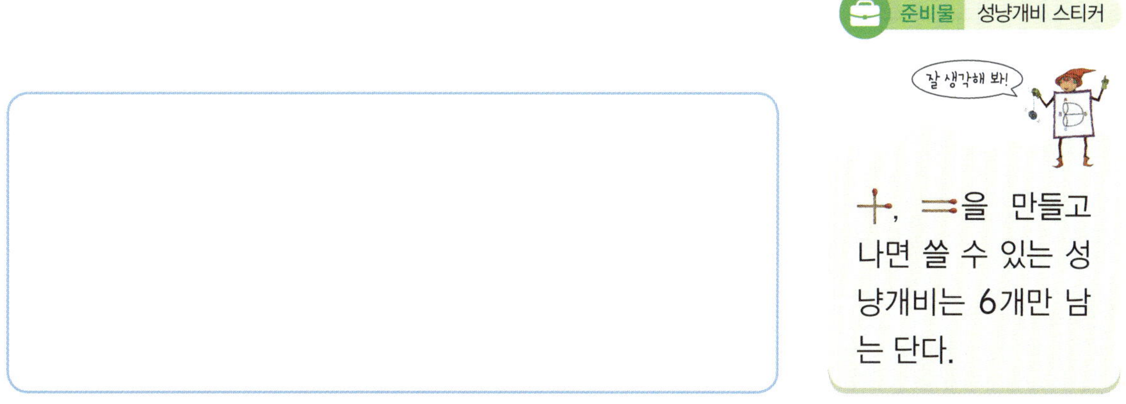

╋, ═을 만들고 나면 쓸 수 있는 성 냥개비는 6개만 남 는 단다.

꼬마 요괴들은 병을 만지지 않고도 말 하는대로 컵을 옮길 수 있습니다. 꼬마 요괴들의 말을 보고 알맞은 스티커를 붙여서 나타내시오. 준비물 병 스티커

🌀 다음과 같이 놓인 동물 젤리를 지시에 맞게 옮긴 것을 찾아 선으로 이으시오.

㉠, ㉡의 위치를
서로 바꿉니다.

•

•

㉡을 ㉠의 왼쪽에
놓습니다.

•

•

㉢과 ㉠의 위치를
서로 바꿉니다.

•

•

① 과 ◯의 위치를 서로 바꾼다는 것은 ●은 ◯의 위치로, ◯은 ●의 위치로 가는 것입니다.

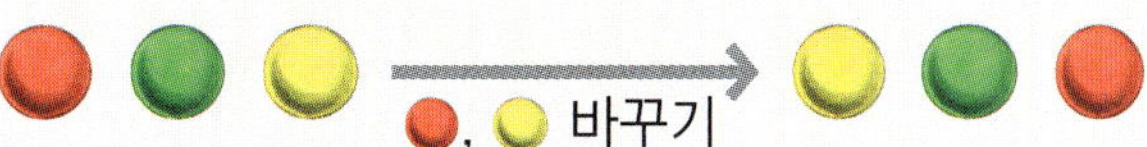

② 화살표 약속에 따라 위치를 이동할 수 있습니다.

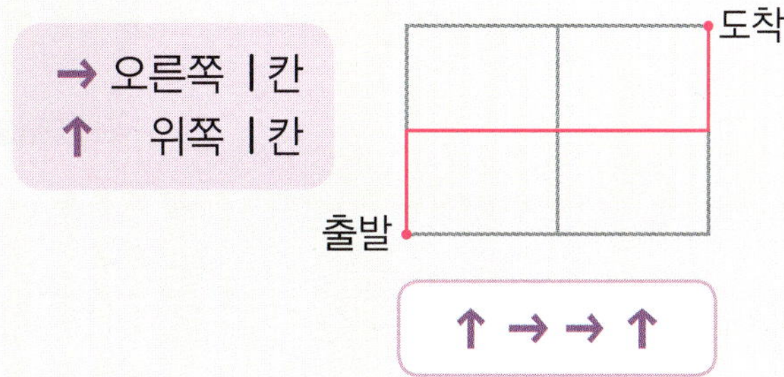

옮기고 옮기기

티나와 현우가 쟁반에 있는 과일을 옮기려고 합니다. 티나가 먼저 옮기고 난 다음 현우가 옮깁니다. 현우가 옮기고 난 후 과일의 위치를 스티커를 사용하여 나타내시오.

준비물 과일 스티커

❶ 티나와 현우가 과일의 위치를 옮기는 것을 차례로 스티커로 나타내시오.

❷ 문제의 빈 쟁반에 과일의 위치를 스티커로 나타내시오.

1 마법사 멀린은 다음과 같이 꽂혀있는 책들을 정리하려고 합니다. 정리가 끝난 후 책꽂이의 가장 왼쪽에 꽂혀있는 책의 기호를 쓰시오.

마법사님이 복잡하게 정리하시는 것 같지만 차례대로 하면 앞에 있는 책을 알 수 있단다.

화살표 따라 옮기기

➡는 오른쪽으로 한 칸 옮기고, ⬆는 위쪽으로 한 칸 옮깁니다. 규칙에 따라 다음과 같이 ⬤을 옮기고 도착하는 칸에 색칠하시오.

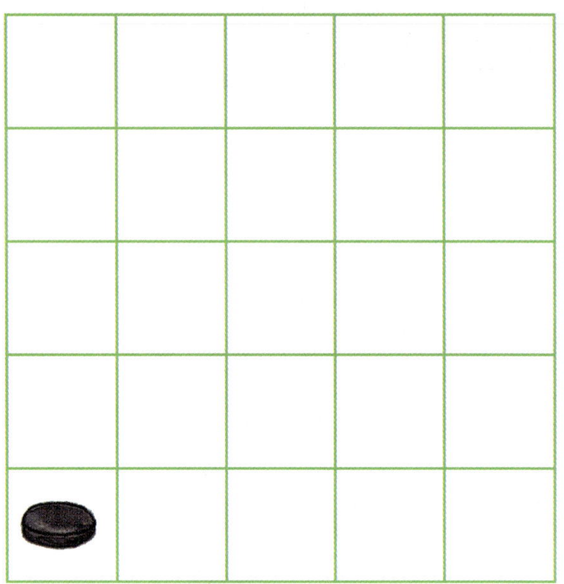

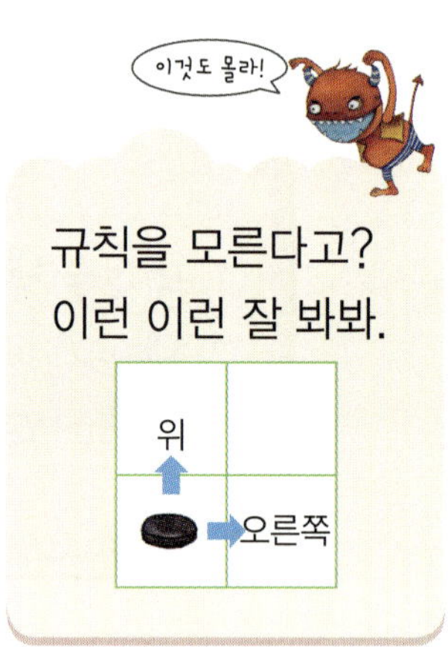

1 강아지 두 마리가 규칙 에 따라 칸을 움직입니다. 화살표를 따라 다 움직였을 때 뼈다귀가 있는 칸에 도착하는 강아지에 ◯표 하시오.

규칙

➡: 오른쪽으로 한 칸 움직입니다.　　←: 왼쪽으로 한 칸 움직입니다.
⬆: 위쪽으로 한 칸 움직입니다.　　⬇: 아래쪽으로 한 칸 움직입니다.

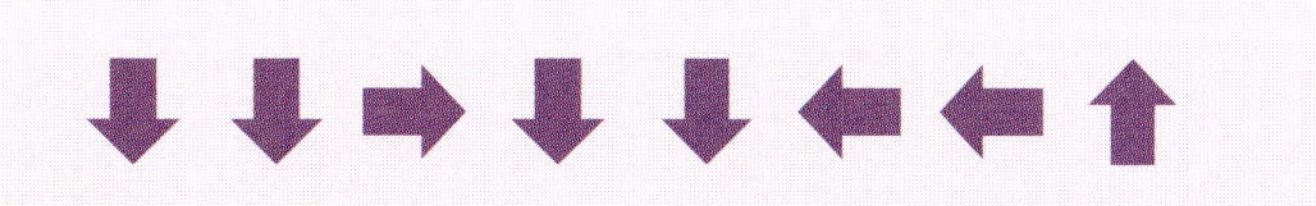

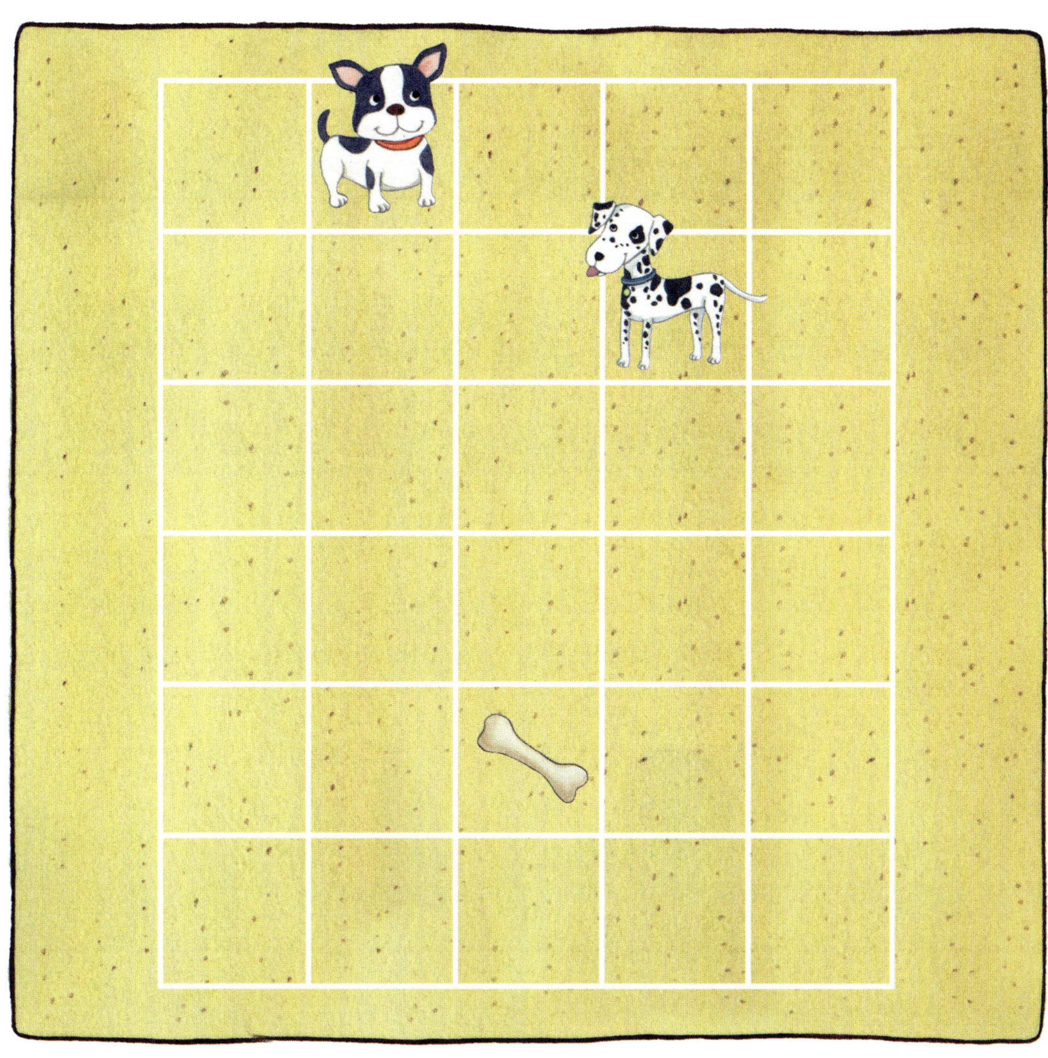

마법 나라의 금화 **3**개를 왼쪽과 같이 놓았습니다. 이 중 금화 **2**개의 위치를 서로 바꾸어 오른쪽과 같이 만들 때, 바꾼 금화 **2**개를 찾아 ✕표 하시오.

금화 6개로 만든 다음 모양에서 금화 1개를 옮겨 만들 수 있는 모양의 기호를 쓰시오.

ㄱ ㄴ ㄷ

구슬로 만든 모양에서 정해진 수만큼의 공을 옮겨 다른 모양을 만들 때는
① 같은 곳에 놓인 공의 수가 최대가 되도록 두 모양을 겹칩니다.
② 두 모양에서 같은 곳에 놓이지 않은 구슬을 옮겨 원하는 모양을 만듭니다.

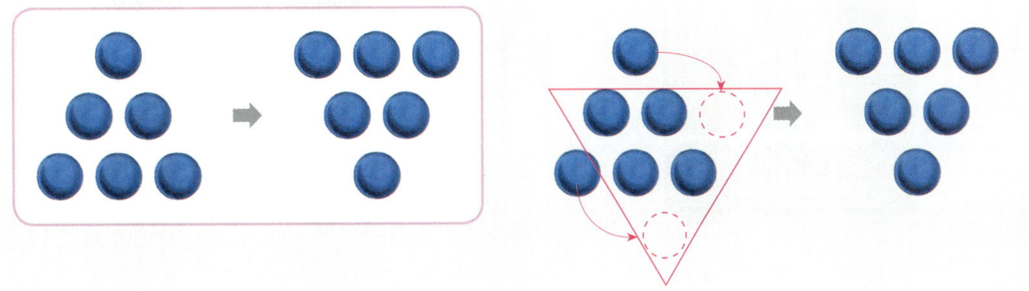

왼쪽 모양에서 공깃돌 2개를 옮겨 오른쪽 모양을 만들었습니다. 공깃돌 딱지를 사용하여 직접 만들어 보고, 옮긴 공깃돌에 ×표 하시오.

준비물 공깃돌 딱지

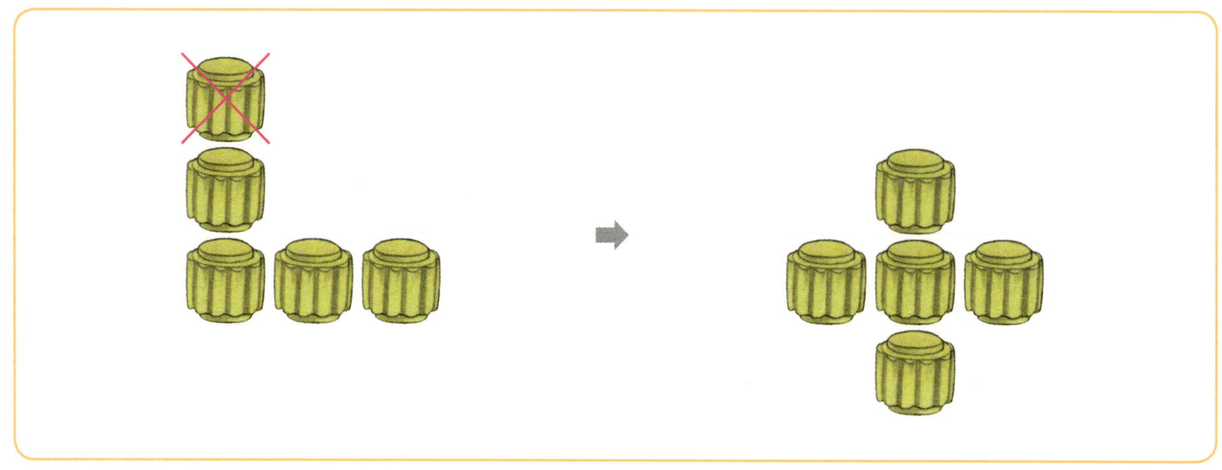

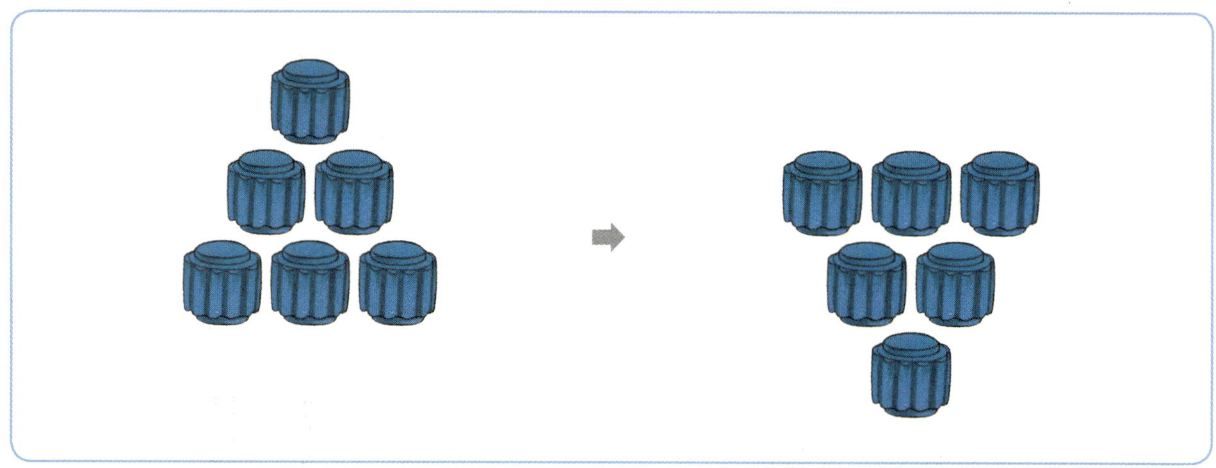

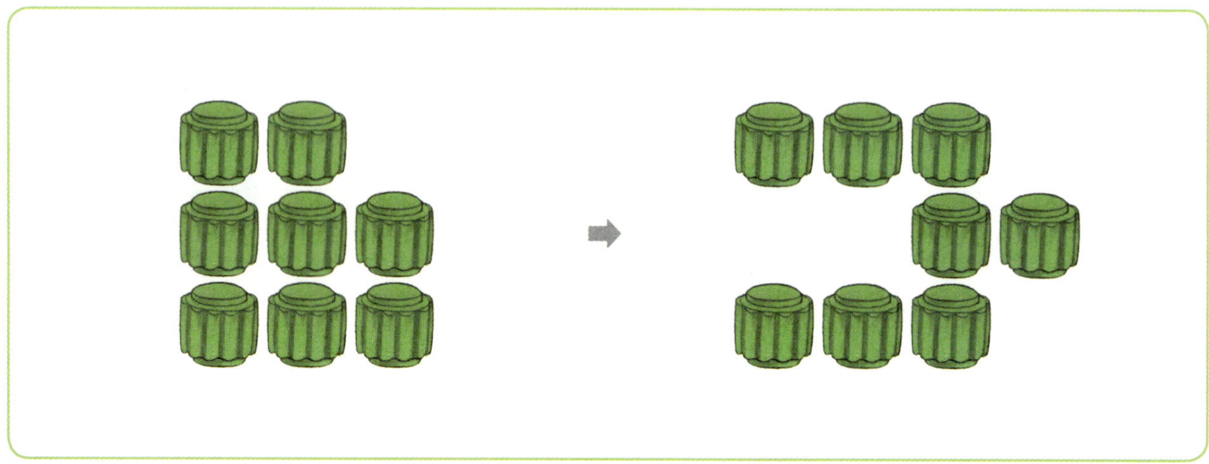

1 세모 모양으로 놓은 공깃돌 9개 중 2개를 옮겨서 네모 모양을 만들었습니다. 옮긴 공깃돌 2개를 찾아 ×표 하시오.

준비물 공깃돌 딱지

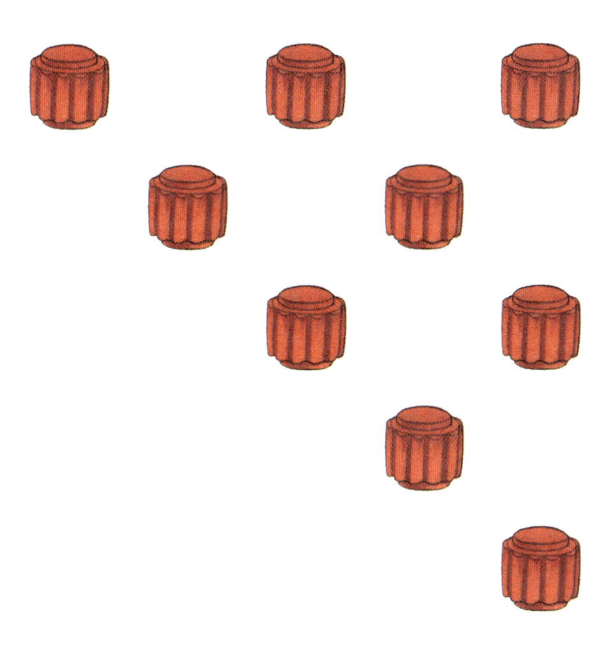

 # 원하는 대로 배치하기

대왕 개구리 1마리와 꼬마 개구리 2마리가 연잎에 앉아 있습니다. **규칙**에 따라 앉아있는 순서를 다음과 같이 바꾸어 봅시다.

규칙

1. 한 번에 개구리 1마리만 빈 연잎으로 움직일 수 있습니다.
2. 한 번에 연잎 1개를 뛰거나 다른 개구리 1마리를 뛰어 넘을 수 있습니다.

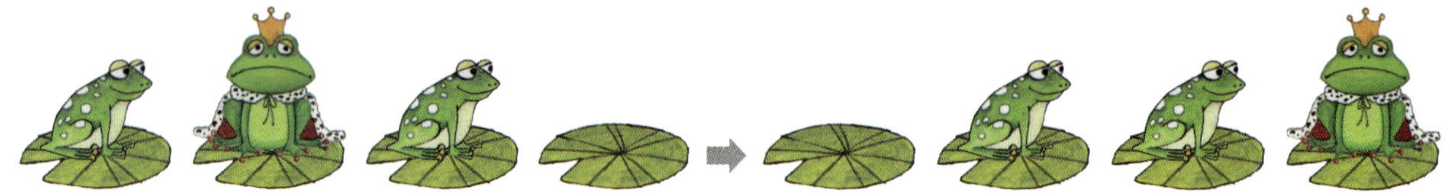

❶ 아래 연잎 위에 자리 바꾸기 전과 같도록 개구리 딱지를 놓으시오.

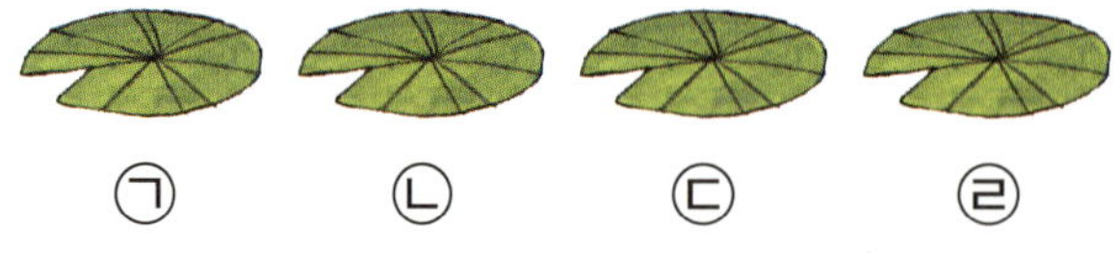

❷ ㉣로 한 번에 갈 수 있는 개구리가 있는 연잎의 기호를 모두 쓰시오.

❸ 자리 바꾼 후 대왕 개구리의 자리를 생각하여 ❷에서 찾은 개구리 중 한 마리를 ㉣에 앉히시오.

❹ 자리 바꾼 후 개구리의 배치를 보고 빈 연잎에 알맞은 개구리를 옮겨 앉히시오.

1 꼬마 요괴들이 3번 자리를 옮겨서 다음과 같이 순서를 바꾸었습니다. 한 번에 한 칸씩만 이동하고, 한 마리만 넘을 수 있다고 할 때, 요괴 딱지를 이용하여 자리 옮기는 방법을 차례로 나타내 봅시다.

준비물 꼬마 요괴 딱지

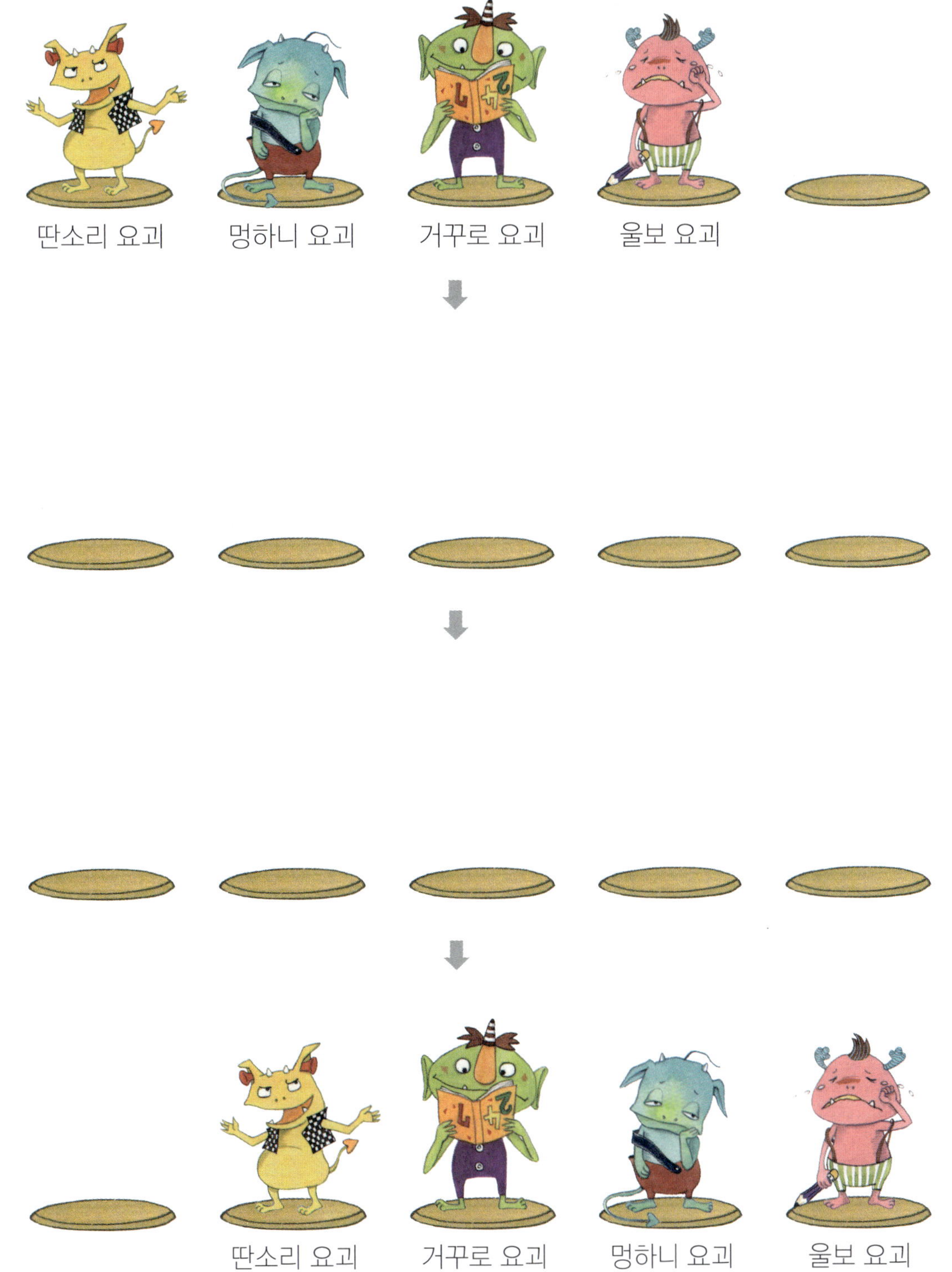

1 토끼가 성냥개비 미로를 통과하여 당근까지 갈 수 있도록 가림 스티커로 성냥개비 3개를 없애고 토끼가 가는 길을 나타내시오.

준비물 가림 스티커

2 물이 담겨진 컵과 빈 컵이 다음과 같이 한 줄로 놓여 있습니다. 컵을 하나만 움직여서 물이 담긴 컵과 빈 컵을 번갈아가며 놓으려고 합니다. 움직이는 컵의 기호를 쓰고, 방법을 설명하시오.

Chapter 2

나누어 갖기

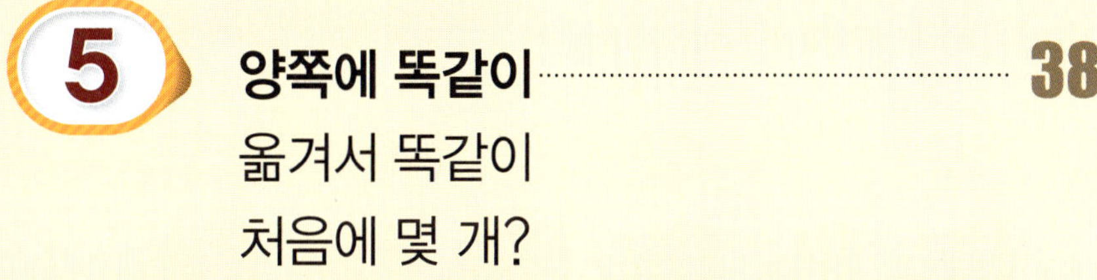

반

한입 요괴와 같은 방법으로 '반'을 나타내시오.

다음을 보고 □ 안에 알맞은 수를 써넣으시오.

노크 포인트

반은 둘로 똑같이 나눈 것 중 한 부분을 이야기합니다.

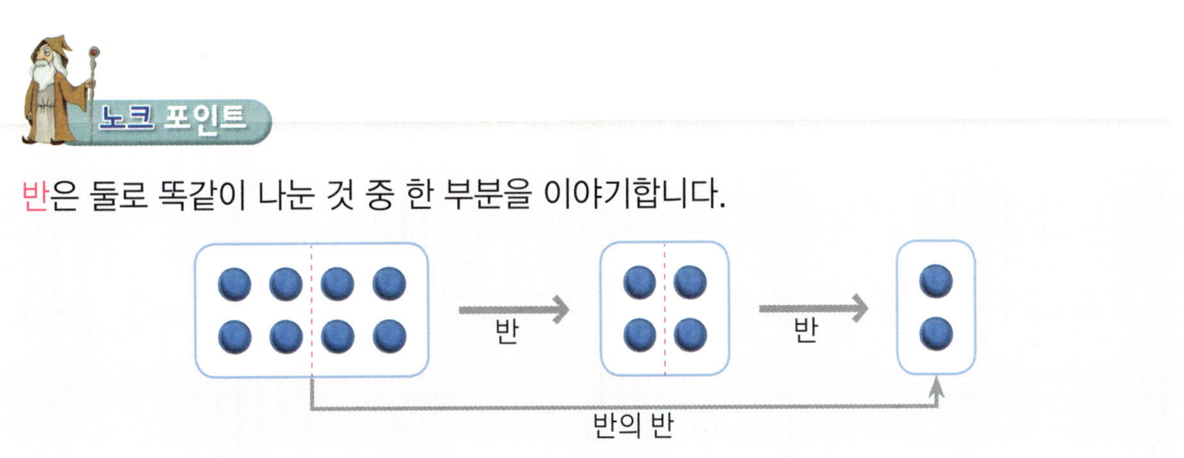

개수와 반

꼬마 요괴들이 대마왕에게 받은 쿠키의 반을 모두 먹었습니다. 남은 쿠키가 다음과 같을 때, 가장 많은 쿠키를 받은 꼬마 요괴의 이름을 쓰시오.

❶ 다음 ☐ 안에 남은 쿠키의 수를 써넣으시오.

❷ 꼬마 요괴들이 받은 쿠키의 반을 먹었으므로, 먹은 쿠키는 남은 쿠키의 수와 같습니다. ❶의 ☐ 안에 먹은 쿠키의 수를 써넣으시오.

❸ 남은 쿠키의 수와 먹은 쿠키의 수를 더하면 받은 쿠키의 수와 같습니다. 각 꼬마 요괴가 받은 쿠키의 수를 구하고, 가장 많이 받은 요괴의 이름을 쓰시오.

멍하니 요괴: ☐ 개   딴소리 요괴: ☐ 개   잠만자 요괴: ☐ 개

1 현우는 게임 카드 중 반을 태돌이에게 주었습니다. 남은 게임 카드가 5장이라면 태돌이에게 준 게임 카드는 모두 몇 장입니까?

2 두 꼬마 요괴가 상자 안 사탕을 반씩 나누어 가졌습니다. 장난 요괴가 가진 사탕이 7개일 때, 상자 안의 사탕은 모두 몇 개였습니까?

울보 요괴는 사탕 몇 개를 가졌을까? 이제 알겠지?

반의 반

꼬마 요괴들이 붕어빵 12개를 나누어 먹었습니다. 12개의 반은 대충이 요괴가 먹고, 남은 붕어빵의 반은 울보 요괴가 먹었습니다. 대충이 요괴와 울보 요괴가 먹은 붕어빵의 수를 각각 구하시오.

❶ 대충이는 붕어빵 12개 중 반을 먹었습니다. 12개의 반을 ▭로 묶고 대충이 요괴가 먹은 붕어빵의 수를 ▢ 안에 써넣으시오.

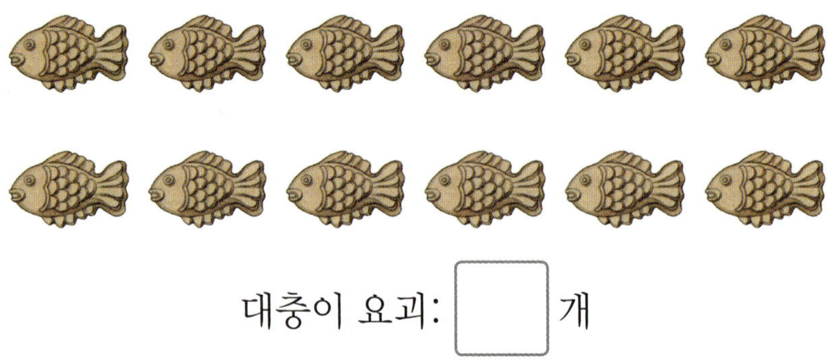

대충이 요괴: ▢ 개

❷ ❶에서 대충이 요괴가 먹고 남은 붕어빵은 몇 개입니까? 남은 붕어빵 수의 반을 ▭로 묶고, 울보 요괴가 먹은 붕어빵의 수를 ▢ 안에 써넣으시오.

먹고 남은 붕어빵: ▢ 개　　　울보 요괴: ▢ 개

❸ 대충이 요괴와 울보 요괴가 먹은 붕어빵의 수를 쓰시오.

1 큐리는 어제 책을 16쪽 읽었습니다. 놀이터에 다녀 온 오늘은 어제 읽은 쪽수의 반의 반만큼 읽었습니다. 큐리는 오늘 책을 몇 쪽 읽었습니까?

2 떡장수 할머니가 호랑이를 만났습니다. 호랑이가 원하는 대로 떡을 주고 나면 할머니에게 남는 떡은 몇 개입니까?

양쪽에 똑같이

다음 동물들을 울타리 양쪽의 종류별 마릿수가 같도록 스티커를 붙여 나타 내시오.

6마리　　4마리　　2마리　　8마리

두 접시 중 한쪽 접시에만 딸기가 놓여 있습니다. 주어진 딸기 스티커를 모두 사용하여 양쪽 접시에 놓인 딸기의 수를 같게 만드시오.

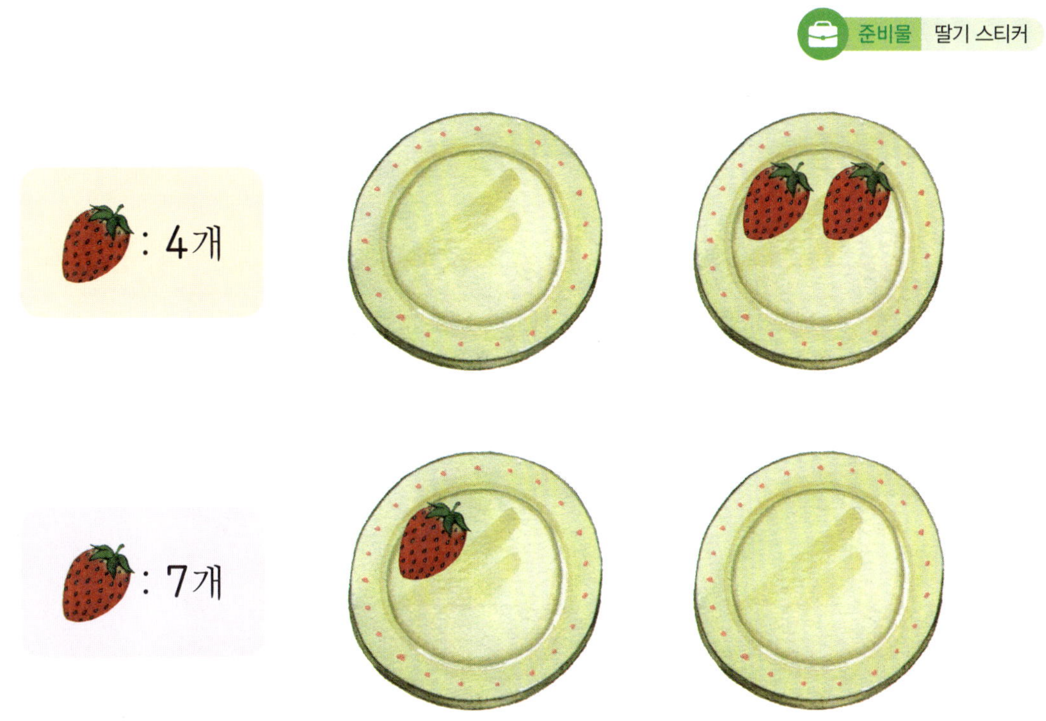

㉠에서 ㉡으로 구슬을 옮겨 양쪽의 구슬 수가 같게 하려면 차이나는 수의 반만큼을 옮깁니다.

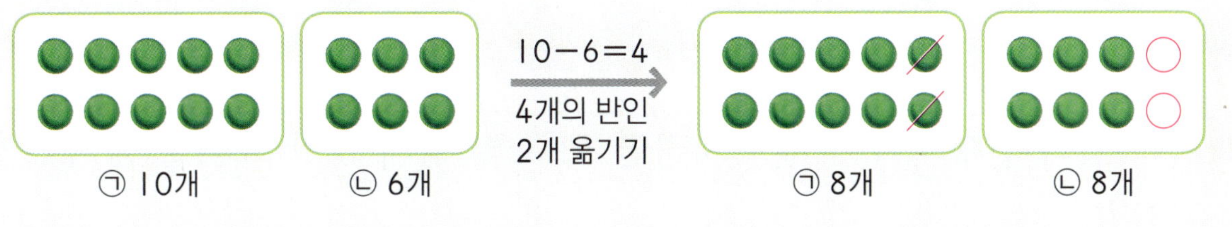

옮겨서 똑같이

꼬마 요괴들을 피구 경기를 하기 위해 두 팀으로 나누었습니다. 두 팀의 요괴의 수가 같아지려면 요괴팀에서 꼬마팀으로 꼬마 요괴 몇 명을 옮겨야 합니까?

❶ 요괴팀의 한입 요괴를 꼬마팀으로 옮겨봅시다. 요괴팀의 한입 요괴에 ✕표 하고, 꼬마팀에 ○표 합니다.

❷ ❶과 같은 방법으로 양쪽 팀의 선수의 수가 같아질 때까지 요괴들을 옮기시오.

❸ 양쪽 팀의 선수의 수가 같아지려면 모두 몇 명의 꼬마 요괴를 옮겨야 합니까?

1 페르마 요정은 뛰어 요괴에게 금화를 나누어 주어 둘이 같은 수의 금화를 갖게 되었습니다. 페르마 요정이 뛰어 요괴에게 준 금화는 몇 개입니까?

2 큐리는 연필 5자루, 티나는 연필 3자루를 가지고 있습니다. 큐리가 티나에게 연필 몇 자루를 주면 두 사람이 가진 연필의 수가 같아집니까?

🦀 처음에 몇 개?

㉠ 상자에서 구슬 2개를 ㉡ 상자로 옮겨서 두 상자에 있는 구슬이 모두 6개로 같아졌습니다. 처음 ㉠ 상자에 있던 구슬은 몇 개입니까?

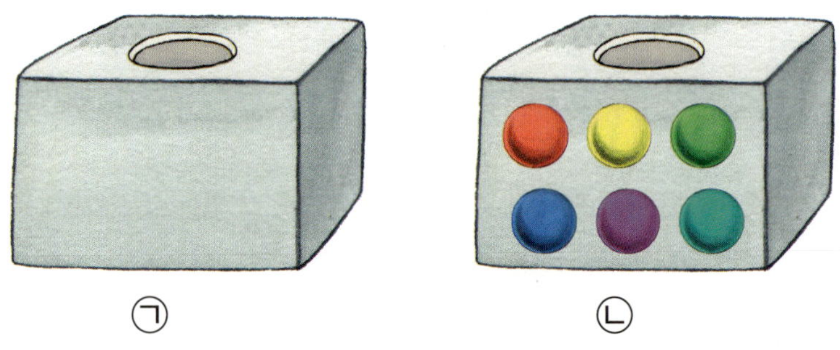

❶ 구슬을 옮긴 후 ㉠ 상자와 ㉡ 상자의 구슬은 모두 6개입니다. ㉠ 상자에 ◯표 6개를 그리시오.

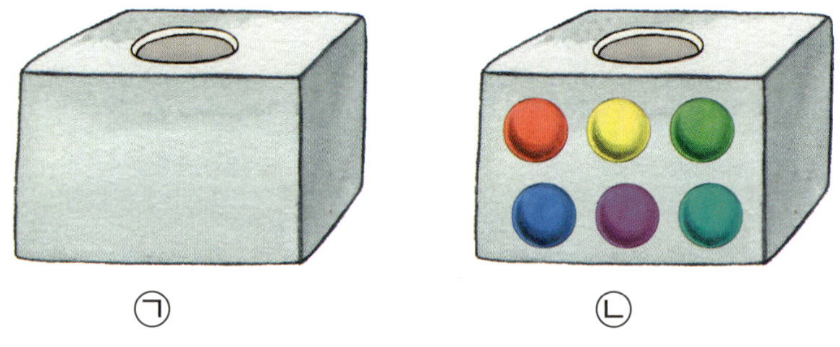

❷ ㉡ 상자로 옮긴 구슬의 수만큼 ❶의 ㉠ 상자에 ◯표 하고, ㉡ 상자의 구슬을 ✕표 하여 지우시오.

❸ 구슬을 옮기기 전 ㉠ 상자에 있던 구슬의 수를 쓰시오.

1 태돌이가 ㉠에서 ㉡으로 귤 1개를 옮겨서 두 곳의 귤이 모두 7개가 되도록 만들었습니다. 처음 ㉠에 있던 귤은 모두 몇 개입니까?

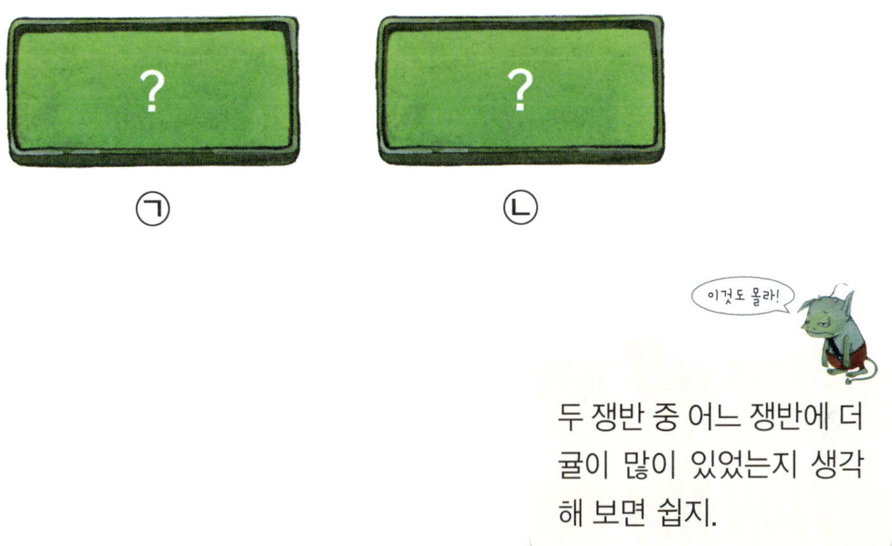

2 말 4마리를 마구간 ㉠에서 마구간 ㉡으로 옮겨서 두 마구간에 있는 말이 각각 10마리가 되었습니다. 옮기기 전 두 마구간에 있던 말은 각각 몇 마리입니까?

마구간 ㉠: ☐ 마리   마구간 ㉡: ☐ 마리

 6 다르게 묶기

친구들이 말하는 대로 공깃돌을 묶어 보시오.

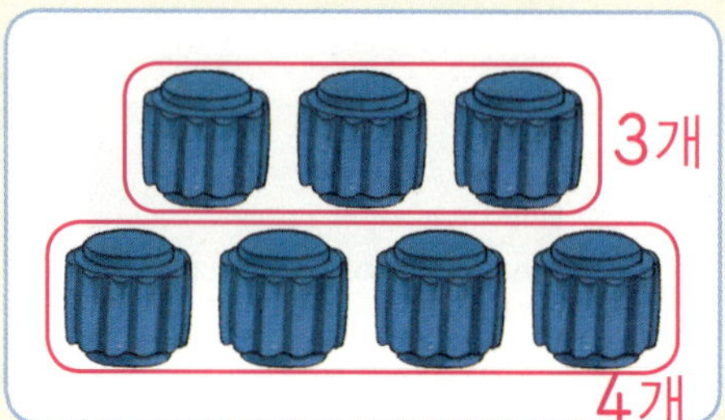

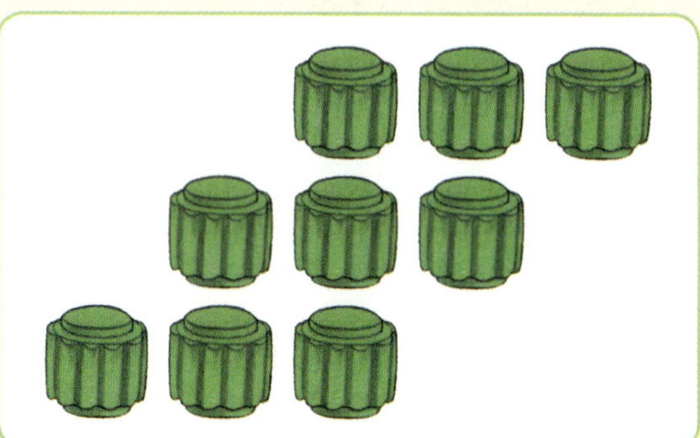

두 묶음의 개수 차를 ☐ 안에 써넣으시오.

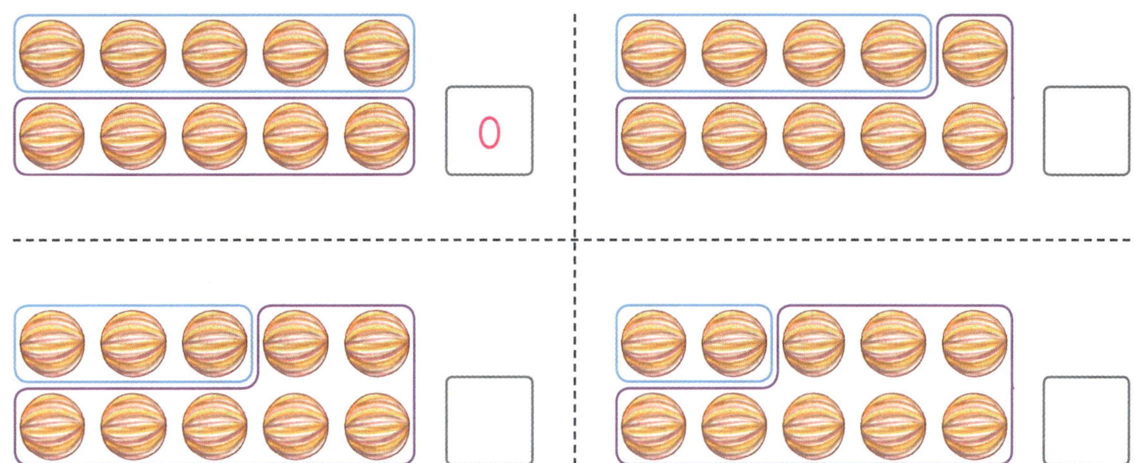

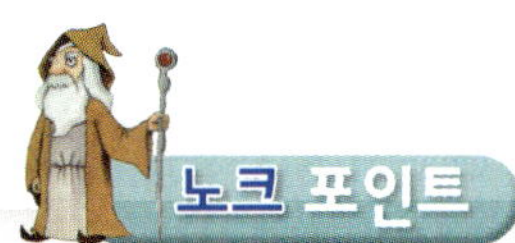

딱지 8개를 태돌이가 큐리보다 2개 더 많이 가지도록 나눌 수 있습니다.

① 태돌이가 딱지 2개를 먼저 가집니다.
② 남은 딱지를 태돌이와 큐리가 반씩 나누어 가집니다.

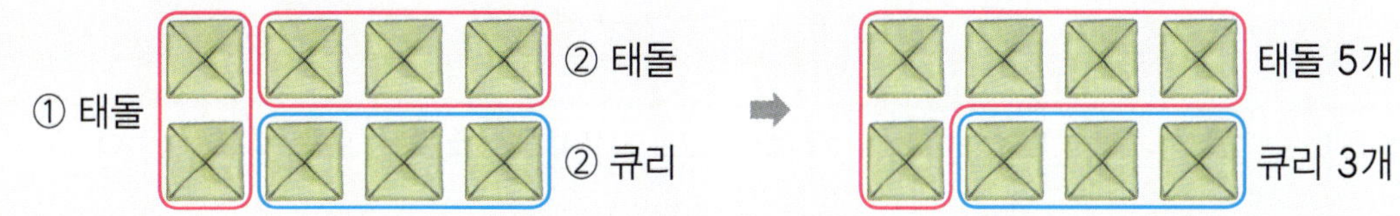

다르게 나누기

샌드위치 9개를 대충이 요괴와 한입 요괴가 나누어 가집니다. 대충이 요괴가 3 개 더 가지려고 할 때 두 꼬마 요괴가 가지는 샌드위치의 수를 각각 구하시오.

대충이 요괴: ☐ 개   한입 요괴: ☐ 개

❶ 대충이 요괴가 더 가지는 샌드위치의 수만큼 왼쪽에 ✕표 하고, ☐ 안에 그 수만큼의 샌드위치 스티커를 붙이시오.

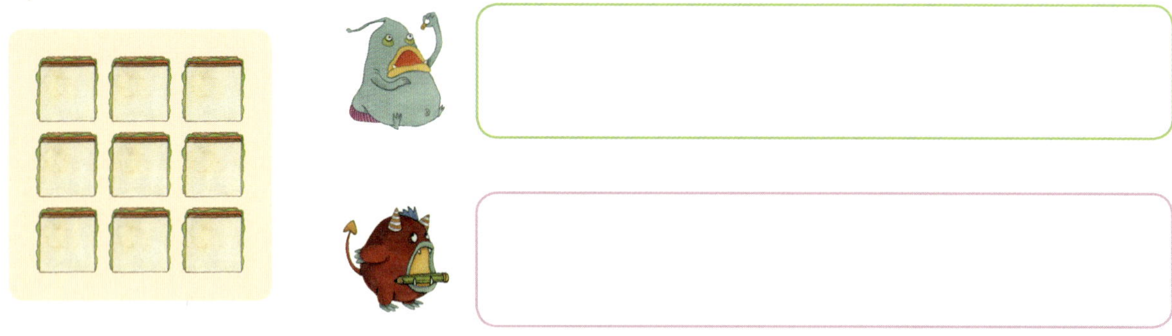

❷ ❶에서 지우고 남은 샌드위치를 대충이와 한입 요괴에게 반씩 나누어 줍 니다. 위의 ☐, ☐ 안에 샌드위치 스티커를 붙이시오.

❸ 대충이 요괴와 한입 요괴가 가져가는 샌드위치의 수를 쓰시오.

1 울보 요괴가 친구들이 사는 집에 ○표 또는 ×표를 하려고 합니다. ○표를 ×표보다 4번 더 많이 해야 한다고 할 때, ☐ 안에 ○표 또는 ×표를 알맞게 하시오.

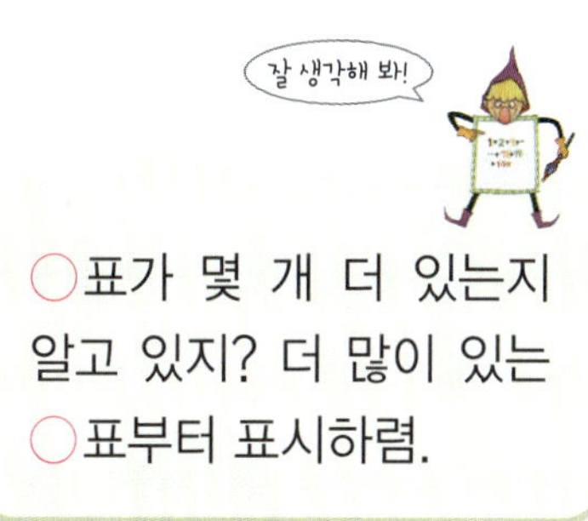

2 곶감 12개가 있습니다. 티나가 큐리보다 곶감 4개를 더 많이 가지려면 티나는 곶감 몇 개를 가져야 합니까?

현우와 큐리는 딱지를 5장씩 가지고 있습니다. 큐리가 현우보다 딱지 4장을 더 가지려면 현우는 큐리에게 딱지 몇 장을 주어야 합니까?

❶ 현우의 딱지 1장을 큐리에게 줍니다. 현우의 딱지 1장에 ✕표 하고, 큐리에게 ◯표 1개를 하시오.

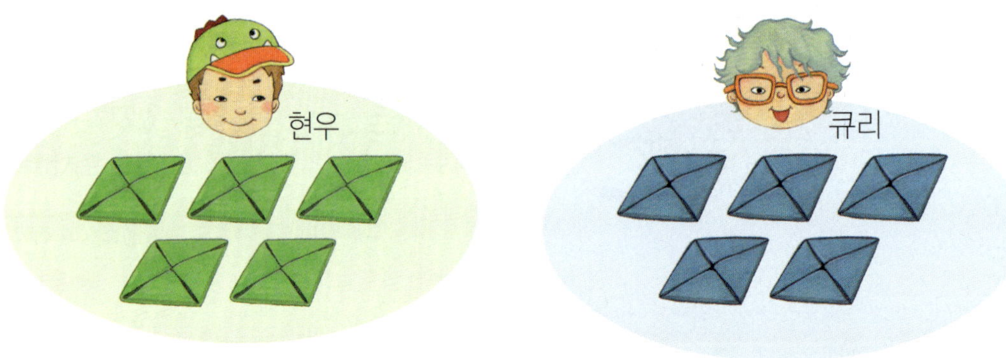

❷ ❶에서와 같이 딱지 1장을 큐리에게 주었을 때 두 사람의 딱지는 몇 장 차이가 납니까?

❸ 두 사람의 딱지가 4장 차이가 나도록 ❶의 과정을 반복하시오.

❹ 현우가 큐리에게 몇 장을 주어야 합니까?

1 다음과 같은 인형 진열대가 있습니다. ㉠에 있는 인형이 ㉡에 있는 인형보다 2개 더 많으려면 ㉡에서 ㉠으로 인형을 몇 개 옮겨야 합니까?

2 엄마 다람쥐와 아기 다람쥐는 모두 도토리를 6개씩 가지고 있습니다. 엄마 다람쥐가 아기 다람쥐보다 도토리를 6개 더 많이 가지려면 아기 다람쥐가 엄마 다람쥐에게 도토리 몇 개를 주어야 합니까?

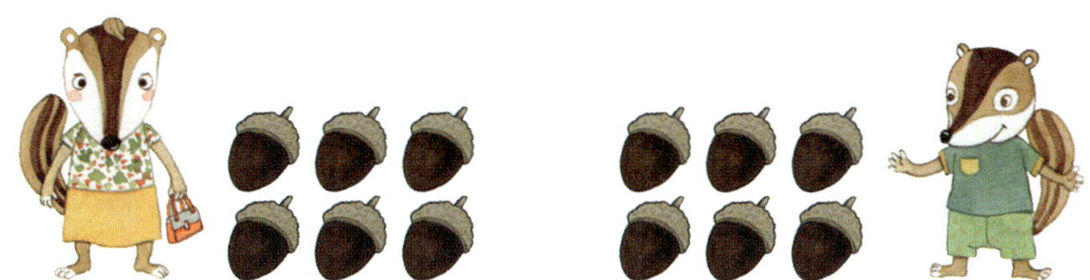

1 양팔 저울에 무게가 같은 추를 다음과 같이 올렸습니다. 양팔 저울이 기울어지지 않게 하려면 양팔 저울의 왼쪽에 놓인 추 몇 개를 오른쪽으로 옮겨야 합니까?

❶

☐ 개

❷

☐ 개

기울어지지 않은 저울

2 3명의 생선 장수가 생선 20마리를 사서 다음과 같은 순서로 나누었습니다. 각 생선 장수가 가지는 생선의 마릿수를 ☐ 안에 써넣으시오.

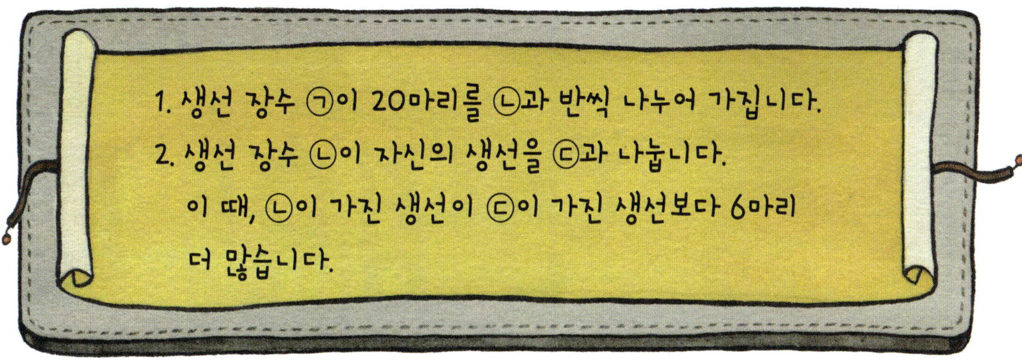

㉠   ㉡   ㉢

☐ 마리   ☐ 마리   ☐ 마리

현명한 판단

7 물건 꺼내기

태돌이와 친구들이 빨간색, 노란색, 파란색, 초록색 튜브를 I개씩 사려고
합니다. 튜브를 위에서부터 고르고 한 번 뺀 튜브는 다시 놓을 수 없습니다.

위에서 태돌이와 친구들이 사는 튜브 4개에 ◯표 하시오.

다음과 같이 걸려있는 세 종류의 열쇠고리를 모두 2개씩 고르려고 합니다. 고르는 열쇠고리에 모두 ◯표 하시오. (단, 오른쪽부터 빼고, 한 번 뺀 열쇠고리는 다시 걸 수 없습니다.)

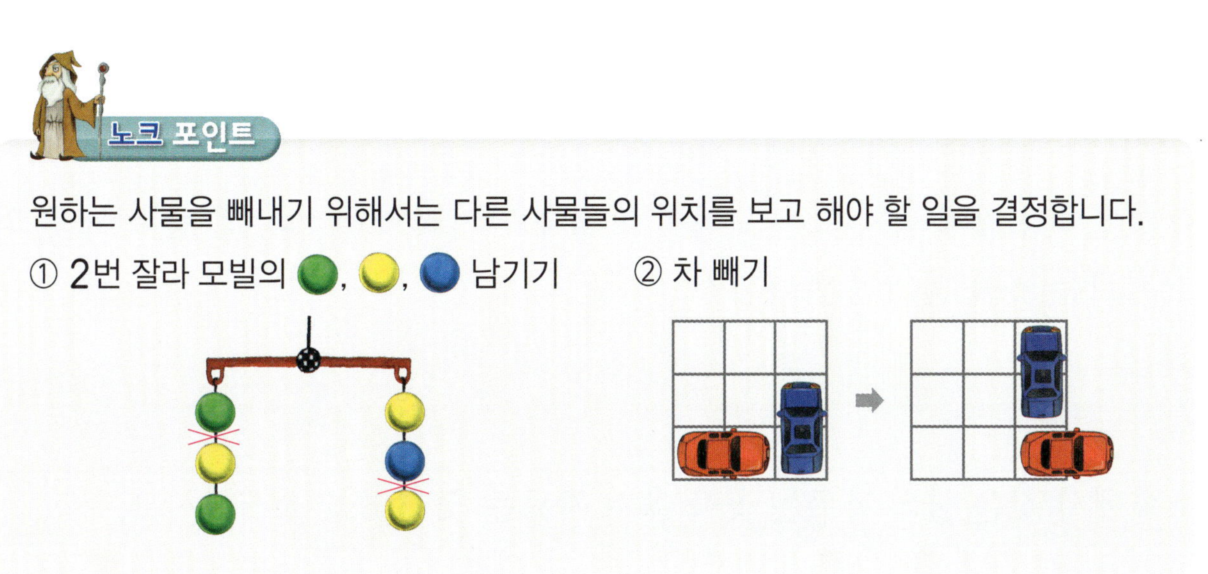

원하는 사물을 빼내기 위해서는 다른 사물들의 위치를 보고 해야 할 일을 결정합니다.

① 2번 잘라 모빌의 🟢, 🟡, 🔵 남기기   ② 차 빼기

# 모빌 자르기

다음과 같은 모빌이 있습니다. 모빌의 줄 3곳을 잘라 네 종류의 모양을 1개씩만 모빌에 남게 하려고 합니다. 자르는 곳에 모두 ✕표 하시오.

❶ 자르는 곳이 3곳이므로 한 줄에 한 번씩 잘라야 합니다. 오른쪽 ✕표 한 곳을 모두 잘랐을 때 모빌에 남는 모양에 모두 ○표 하시오.

❷ ❶에서 모빌에 남지 않은 모양을 모빌에 남기려면 ㉠, ㉡, ㉢ 중 어느 줄의 자르는 곳을 옮겨야 합니까?

❸ ❷에서 찾은 줄의 자르는 곳을 옮겨 자르는 곳 3곳을 표시하시오.

1 두 꼬치를 한 번씩 잘라 왼쪽 부분은 ㉠ 접시, 오른쪽 부분은 ㉡ 접시에 놓습니다. 각 접시에 젤리가 종류별로 2개씩 있도록 만드시오.

준비물 꼬치 스티커

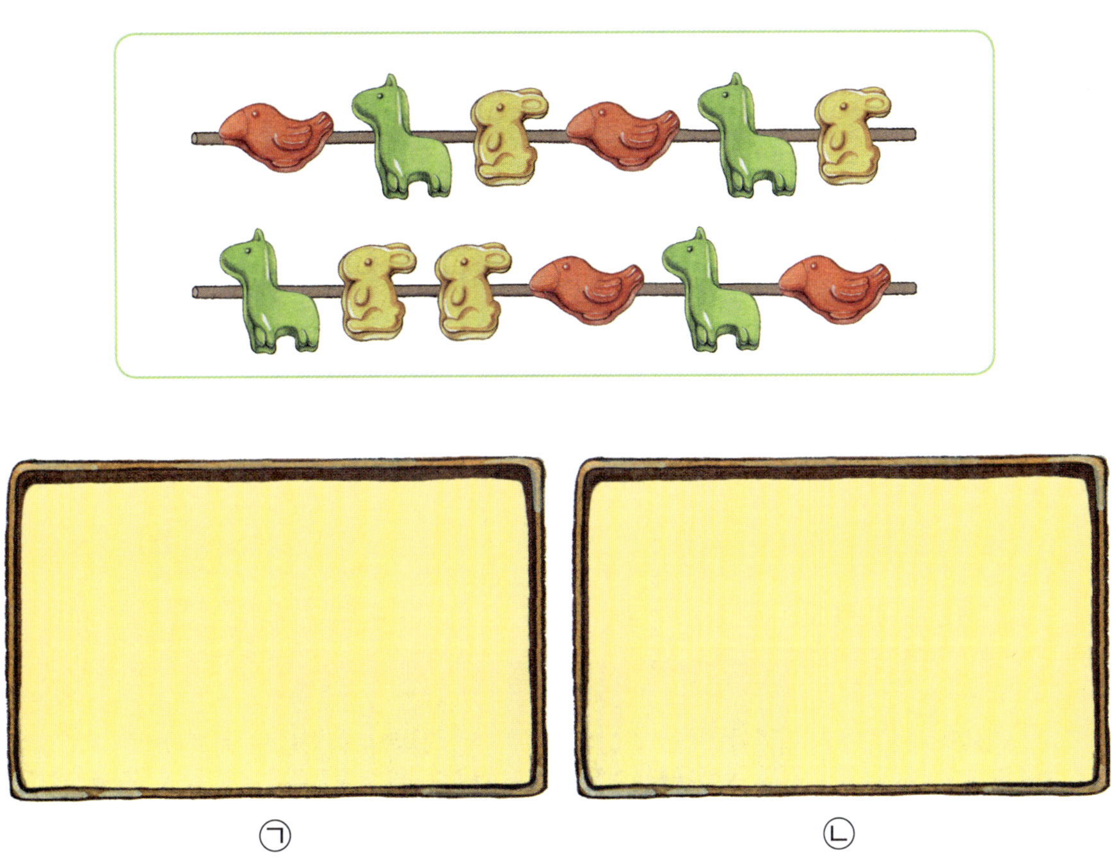

㉠   ㉡

2 꼬마 요괴가 모빌 2곳을 잘라 나온 구슬을 가지려고 합니다. 종류별로 1개씩 구슬을 가지려고 할 때 자르는 곳에 모두 ✕표 하시오.

차 빼내기

주차장에 다음과 같이 차들이 있습니다. 차들은 앞, 뒤로만 움직일 수 있다고 할 때, 빨간색 자동차를 주차장 밖으로 빼내는 방법을 알아봅시다. 준비물 자동차 딱지

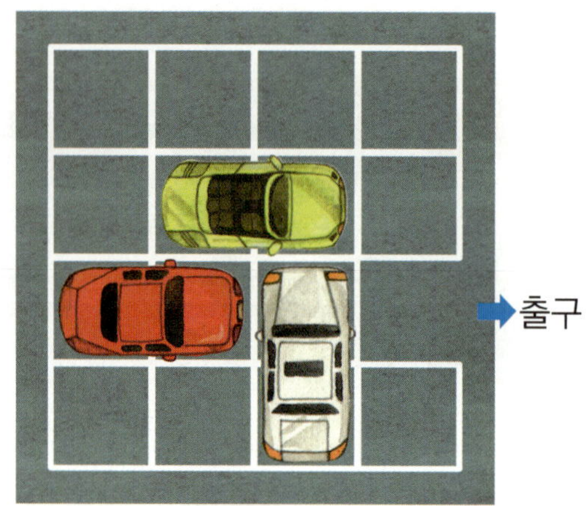

❶ 아래에 문제와 같은 위치에 자동차를 놓으시오.

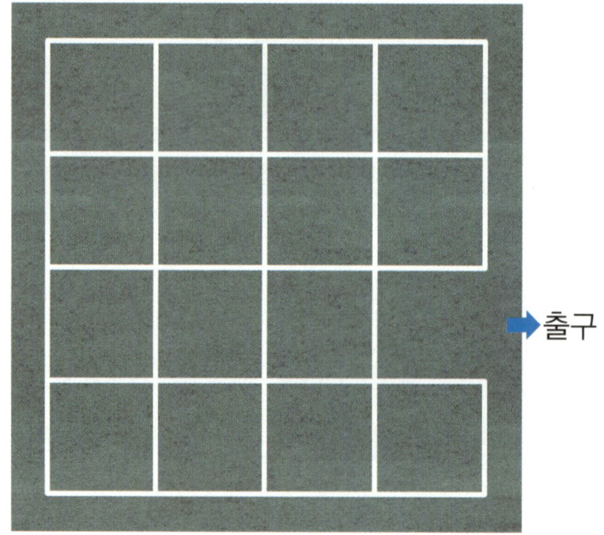

❷ 빨간색 차 앞을 막는 흰색 차를 움직여야 합니다. 흰색 차가 움직일 수 있도록 노란색 차를 움직이시오.

❸ 빨간색 차를 막지 않도록 흰색 차를 움직이고, 빨간색 차를 빼내시오.

1 빨간색 차를 주차장 밖으로 빼내려고 합니다. 자동차 하나를 한 번만 움직일 수 있다고 할 때 먼저 움직이는 차부터 차례로 번호를 써넣으시오.

준비물 자동차 딱지

도착하면 이기는 게임

꼬마 요괴들이 게임을 합니다. 인형을 번갈아가며 1칸씩 움직여서 과자집이 있는 마지막 칸에 도착하는 사람이 이기는 게임입니다.

잠만자 요괴와 장난 요괴 중 이기는 요괴는 누구입니까?

잠만자 요괴와 장난 요괴가 순서를 바꾸지 않고 게임을 계속합니다. 다음 게임의 칸의 수와 이기는 꼬마 요괴의 이름을 쓰시오.

두 사람이 번갈아가며 구슬을 가져갈 때 마지막 구슬을 가져가는 사람이 이기는 게임이 있습니다. 이 게임에서는 한 번에 가져가는 구슬의 수와 총 구슬의 수에 따라 먼저 시작하는 사람과 나중에 시작하는 사람 중 항상 이기는 사람이 있습니다.

① 1개씩 가져가는 경우: 총 구슬의 수가 짝수이면 나중에 시작하는 사람이 총 구슬의 수가 홀수이면 먼저 시작하는 사람이 항상 이길 수 있습니다.

② 구슬이 4개, 한 번에 1개 또는 2개를 가져가는 경우: 먼저 시작해서 1개를 가져가면 항상 이깁니다.

가져가면 이기는 게임

현우와 티나가 번갈아가며 공깃돌을 가져가고, 마지막 공깃돌을 가져가는 사람이 이깁니다. 한 번에 가져갈 수 있는 공깃돌의 수가 다음과 같을 때 이기는 사람의 이름을 쓰시오.

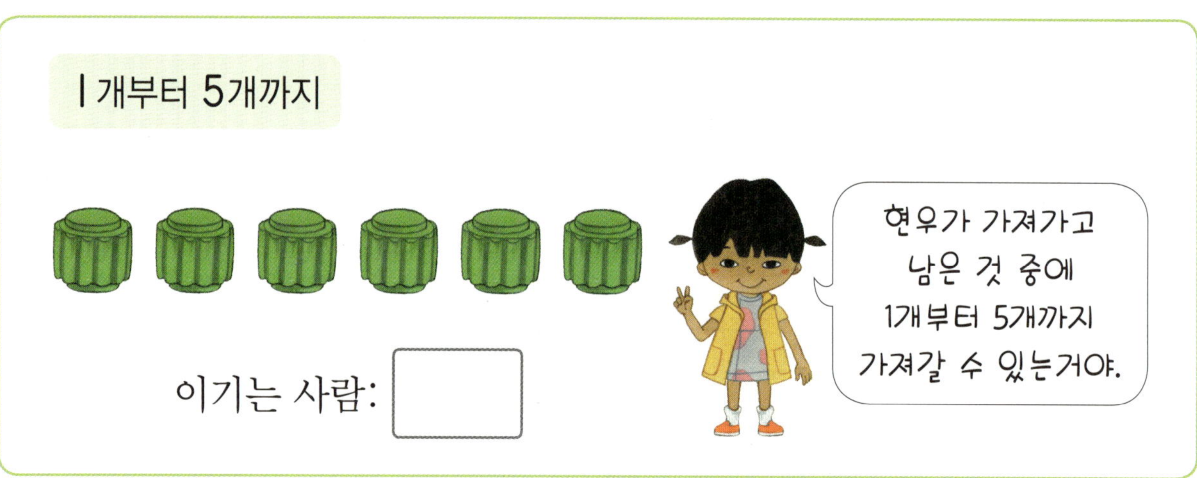

1 다음과 같은 규칙에 따라 바둑돌을 움직입니다. 먼저 하는 사람과 나중에 하는 사람 중 이기는 사람에 ◯표 하시오.

규칙

1. 두 사람이 번갈아가며 바둑돌을 옮깁니다.
2. 한 번에 1칸부터 7칸까지 옮길 수 있습니다.
3. 도착칸에 바둑돌을 옮긴 사람이 이깁니다.

먼저 하는 사람: ☐　　　나중에 하는 사람: ☐

2 태돌이와 큐리가 번갈아가며 구슬을 가져갑니다. 1개부터 7개까지 가져갈 수 있고, 마지막 구슬을 가져가는 사람이 이깁니다. 태돌이가 먼저, 큐리가 나중에 시작할 때 이기는 사람은 누구입니까?

 님 게임

한입 요괴와 울보 요괴가 번갈아가며 왼쪽부터 차례대로 1칸 또는 2칸을 색칠합니다. 마지막 칸을 칠하는 요괴가 이깁니다. 이기는 방법을 알아봅시다.

❶ 한입 요괴가 처음 시작하여 2칸을 색칠했습니다. 한입 요괴와 울보 요괴 중 이기는 요괴는 누구입니까?

요괴

❷ 한입 요괴가 처음 시작하여 1칸을 색칠하면 울보 요괴는 1칸 또는 2칸을 색칠할 수 있습니다. 각 경우 이기는 요괴는 누구입니까?

요괴   요괴

❸ 이 게임에서 먼저 시작하는 한입 요괴가 처음에 몇 칸을 색칠하면 항상 이길 수 있습니까?

1 두 사람이 번갈아가며 꽃잎을 1장 또는 2장 가져갑니다. 마지막 꽃잎을 가져가는 사람이 이긴다고 할 때, 먼저 하는 사람과 나중에 하는 사람 중 누구에게 더 유리합니까?

2 강아지와 고양이가 번갈아가며 국화빵을 1개 또는 2개 먹습니다. 강아지가 먼저 먹기 시작하여 항상 마지막 국화빵을 먹을 수 있으려면 처음 몇 개의 국화빵을 먹어야 합니까?

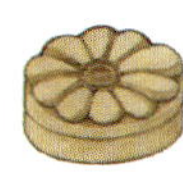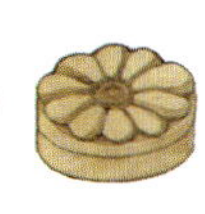

가위바위보

큐리와 태돌이가 새로운 가위바위보를 합니다. 가위, 바위, 보 중 카드에 있는 2가지만 낼 수 있습니다.

딴소리 요괴가 알고 있는 지지 않는 방법은 무엇인지 이야기해 봅시다.

다음 카드에 있는 2가지만 낼 수 있다고 할 때, 절대 지지 않기 위해 내야하는 것에 ○표 하시오.

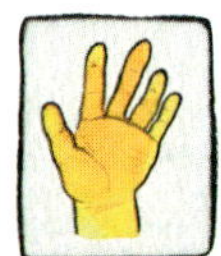 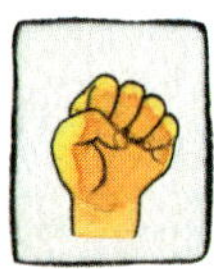

거꾸로 요괴와 장난 요괴가 가위바위보를 합니다. 거꾸로 요괴의 생각을 보고 장난 요괴가 절대 지지 않기 위해서 내야하는 것을 쓰시오.

노크 포인트

① 2가지 가위바위보를 할 때는 절대 지지 않을 수 있는 방법이 있습니다. 낼 수 있는 2가지 중 이기는 한 가지를 내면 항상 이기거나 비깁니다.

② 1개 또는 이웃한 2개를 가져가고 더 많이 가져가는 사람이 이기는 게임에서 가져가는 구슬의 위치에 따라 게임의 결과가 달라집니다.

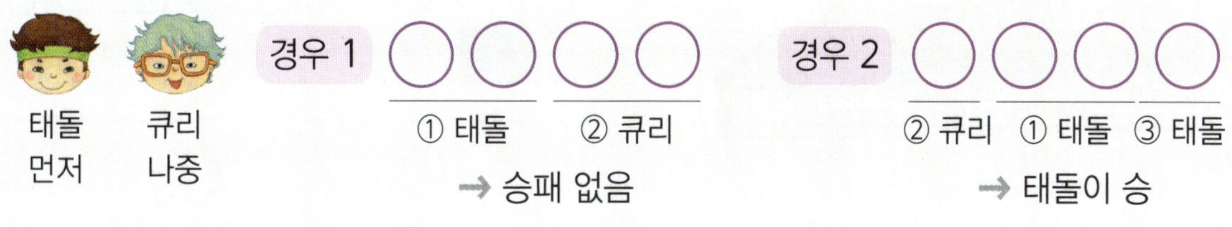

계단 오르기

티나와 현우가 가위바위보를 하여 빨간색 계단에 먼저 도착하는 사람이 이기는 게임을 합니다. 규칙 이 다음과 같을 때 티나가 내야하는 것에 ◯표 하시오. (단, 빨간색 계단을 지나가면 도착하지 못한 것으로 봅니다.)

규칙

1. 이기면 **3**칸을 올라갑니다.
2. 비기면 **2**칸을 올라갑니다.
3. 지면 **1**칸을 내려갑니다.

1

2

[계단 오르기]

1 가위바위보를 하여 빨간색 계단에 먼저 도착하는 사람이 이깁니다. 이기면 3칸, 비기면 2칸을 올라가고 지면 1칸을 내려갑니다. 현우와 티나 중 가위바위보 한 판으로 빨간색 계단에 갈 수 있는 사람은 누구입니까?

빨간색 칸에 가려면 몇 칸을 올라가거나 내려가야 하는지 생각해 봐.

[다른 규칙]

2 현우와 티나가 규칙을 바꾸어 이기면 3칸, 비기면 2칸을 올라가고 지면 올라가지도 내려가지도 않기로 했습니다. 계단 아래서 게임을 시작할 때 빨간색 계단과 파란색 계단 중 밟을 수 없는 계단은 무엇입니까?

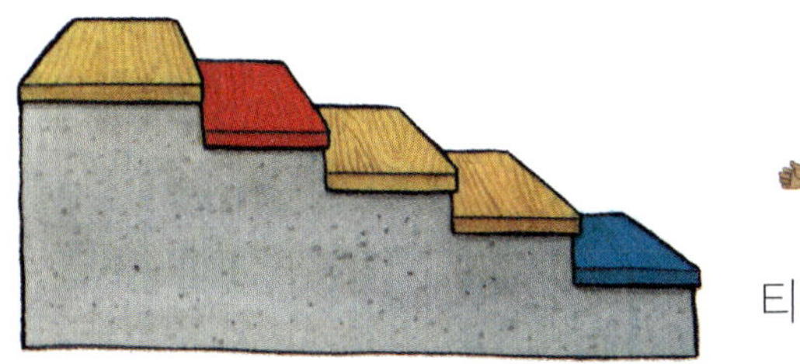

🍔 가져가기

큐리와 태돌이는 4개의 열쇠 중 1개 또는 2개를 번갈아가며 가져가는 게임을 합니다. 2개를 가져갈 때는 이웃한 열쇠만 가져갈 수 있고, 더 많은 수의 열쇠를 가져가는 사람이 이깁니다.

❶ 많은 수의 열쇠를 가져가기 위해서 먼저 시작하는 큐리는 처음에 열쇠 2개를 가져가야 합니다. 열쇠 2개를 가져가는 방법이 3가지 있습니다. 각 방법마다 나중에 하는 태돌이가 이기기 위해 가져가는 열쇠를 ☐로 묶어서 표시하시오.

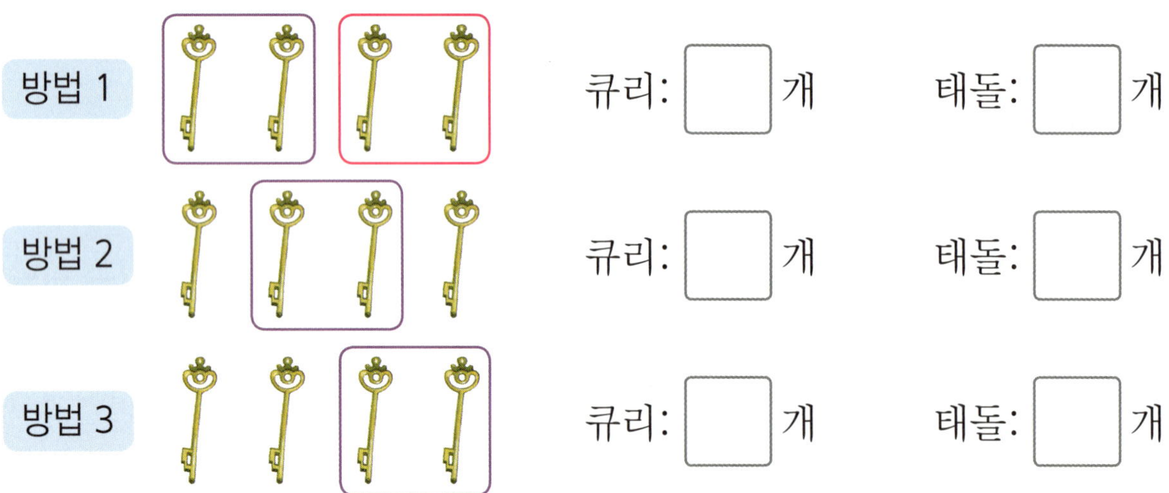

방법 1   큐리: ☐개   태돌: ☐개

방법 2   큐리: ☐개   태돌: ☐개

방법 3   큐리: ☐개   태돌: ☐개

❷ ❶에서 남은 열쇠가 있는 경우 큐리의 차례에 모두 가져갈 수 있습니다. 가져가는 열쇠에 ◯표 하시오.

❸ ❶의 3가지 방법에서 큐리와 태돌이가 가져가는 열쇠의 수를 각각 쓰시오.

❹ 문제의 4개의 열쇠 중에서 먼저 시작하는 사람이 이기기 위해 처음에 가져가야 하는 열쇠를 ☐로 묶어서 나타내시오.

1 울보 요괴와 딴소리 요괴가 사탕을 나누어 먹습니다. 울보 요괴는 한 번에 1개씩만 먹을 수 있고, 딴소리 요괴는 한 번에 1개 또는 이웃한 2개를 먹을 수 있습니다. 울보 요괴가 딴소리 요괴보다 더 많이 먹을 수 있는 방법을 쓰시오.

2 한입 요괴와 멍하니 요괴가 각기 다른 색으로 번갈아가며 모양을 색칠합니다. 한 번에 1칸 또는 이웃한 2칸을 칠할 수 있습니다. 한입 요괴가 먼저 파란색으로 2칸을 색칠할 때, 파란색 칸이 연속하여 4칸이 되지 않도록 다음 모양을 색칠해 보시오.

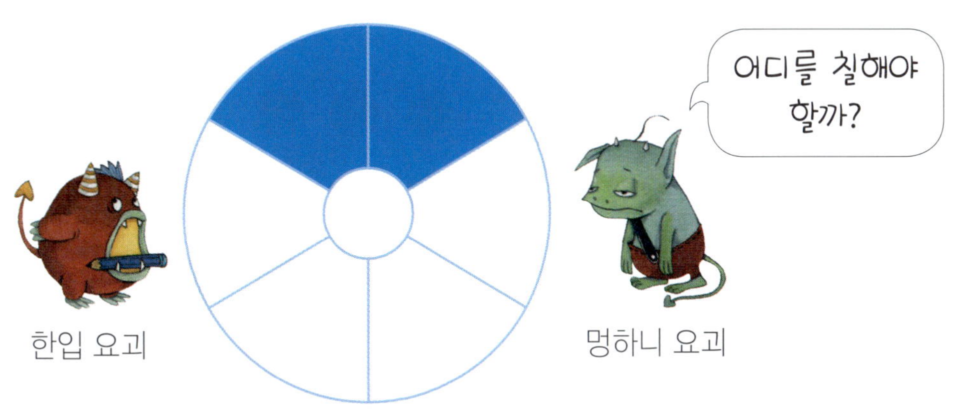

1 태돌이와 큐리가 번갈아가며 금화를 가져가고 마지막 금화를 가져가는 사람이 이깁니다. 한 번에 1개부터 3개까지 가져갈 수 있다고 할 때 항상 이길 수 있는 사람을 알아봅시다.

❶ 먼저 시작한 태돌이가 **2**개 또는 **3**개를 가져가는 경우 다음 차례인 큐리가 이기기 위해 가져가야 하는 금화를 ☐로 묶어서 나타내시오.

❷ 먼저 시작한 태돌이가 1개를 가져간 다음 큐리가 1개부터 3개까지 금화를 가져가는 각 경우를 생각해 봅시다. 각 경우마다 태돌이가 이기기 위해 가져가야 하는 금화를 ☐로 묶어서 나타내시오.

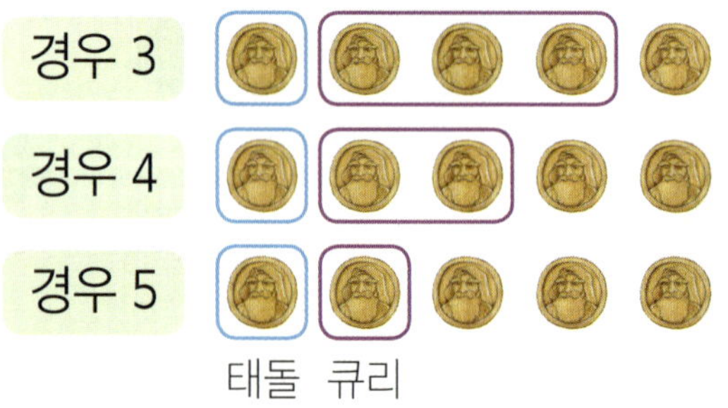

❸ 태돌이가 이기는 방법을 설명하시오.

2 모빌의 줄 4곳을 잘라 서로 다른 모양이 1개씩 남도록 하려고 합니다. 자르는 곳에 모두 ✕표 하시오.

4 문제 해결

모두 몇 칸?

뛰어 요괴가 운동장에 바둑판 모양으로 칸을 나누고 왼쪽 가장 아래 칸에 있습니다. 뛰어 요괴가 오른쪽으로 3칸, 위로 2칸, 오른쪽으로 1칸을 움직였더니 바둑판 모양의 가장 오른쪽 위 칸에 도착하였습니다.

뛰어 요괴가 움직인 방향과 칸 수에 맞게 칸을 그리시오.

바둑판 모양이 되도록 운동장의 빈 곳에 칸을 그려 뛰어 요괴가 몇 칸으로 나누었는지 구하시오.

다음과 같은 바둑판의 가장 왼쪽 위 칸에 바둑돌을 놓았습니다. 오른쪽으로 1칸, 아래로 3칸, 오른쪽으로 3칸을 움직이면 가장 오른쪽 아래 칸에 도착합니다. 바둑돌이 움직인 칸을 그려 바둑판은 모두 몇 칸인지 구하시오.

그림을 그려서 문제를 해결하는 방법이 있습니다.

① 태돌이와 큐리 사이에 3명이 있을 때 총인원 수는 사람 수만큼 ○표 하여 구합니다.

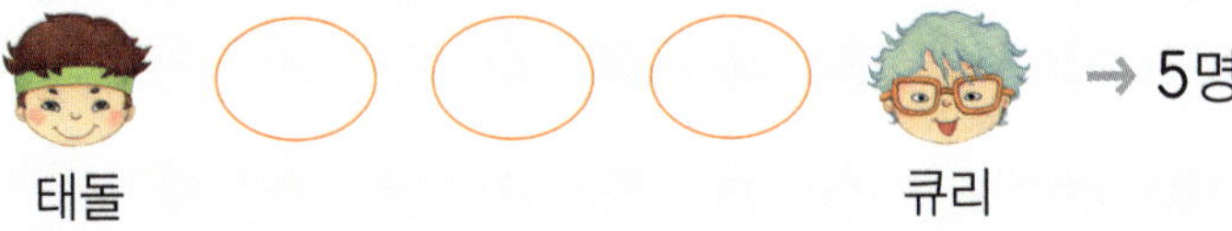

② 현우가 사탕 1개를 먹을 때 티나가 사탕 2개를 먹는 경우, 현우가 사탕 3개를 먹는 동안 티나가 먹는 사탕의 수는 현우에게 □표를 1개 할 때 티나에게 △표를 2개씩 하여 구합니다.

모두 몇 개?

울보 요괴와 대충이 요괴가 쿠키를 나누어 먹습니다. 울보 요괴가 쿠키 1개를 먹는 동안 대충이 요괴는 2개를 먹습니다. 쿠키가 모두 12개 있을 때 두 요괴가 먹는 쿠키의 수를 각각 구하시오.

준비물　쿠키 스티커

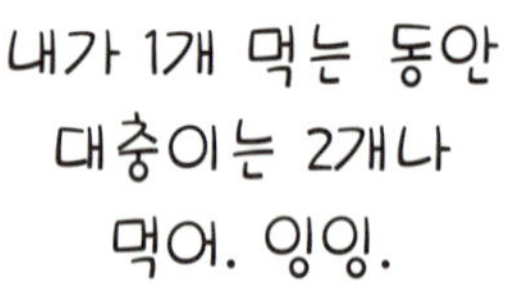

❶ 쿠키 스티커 12개를 모두 울보와 대충이에게 나누어 붙입니다. (단, 울보에게 1개를 붙일 때 대충이에게는 2개를 붙입니다.)

❷ ❶에서 두 요괴에게 붙인 쿠키 스티커는 각각 몇 개입니까?

울보 요괴: ☐ 개　　　대충이 요괴: ☐ 개

❸ 울보 요괴와 대충이 요괴가 먹는 쿠키의 수를 각각 쓰시오.

1 분홍색 양이 사과 2개를 먹는 동안 노란색 양은 사과 3개를 먹습니다. 분홍색 양이 사과 6개를 먹는 동안 노란색 양이 먹는 사과의 수를 구하시오.

❶ 분홍색 양이 사과 2개를 먹는 동안 노란색 양이 먹는 사과의 수만큼 빈 곳에 ◯를 그리시오.

❷ ❶에서 그린 ◯의 수를 모두 세어 노란색 양이 먹는 사과의 수를 구하시오.

모두 몇 명?

꼬마 요괴들이 다음과 같이 선 둘레에 서 있습니다. 거꾸로 요괴와 장난 요괴 사이에는 요괴 4명이 있고, 거꾸로 요괴와 잠만자 요괴 사이에는 요괴 3명이 있습니다. 선의 둘레에 있는 요괴는 모두 몇 명입니까?

❶ 거꾸로 요괴와 장난 요괴 사이에 있는 요괴의 수만큼 선의 둘레에 ◯를 그리시오.

❷ 거꾸로 요괴와 잠만자 요괴 사이에 있는 요괴의 수만큼 선의 둘레에 ◯를 그리시오.

❸ 선 둘레에 서 있는 요괴는 모두 몇 명입니까?

1 현우와 친구들이 한 줄로 서 있습니다. 현우와 큐리 사이에는 2명이 있고, 현우와 태돌이 사이에는 6명이 있습니다. 큐리와 태돌이 사이에는 모두 몇 명이 있습니까?

2 도미노 12개를 둥글게 놓았습니다. ㉠과 ㉡ 사이에는 도미노 2개, ㉡과 ㉢ 사이에는 도미노 4개가 있습니다. ㉢과 ㉠ 사이에 있는 도미노는 모두 몇 개입니까?

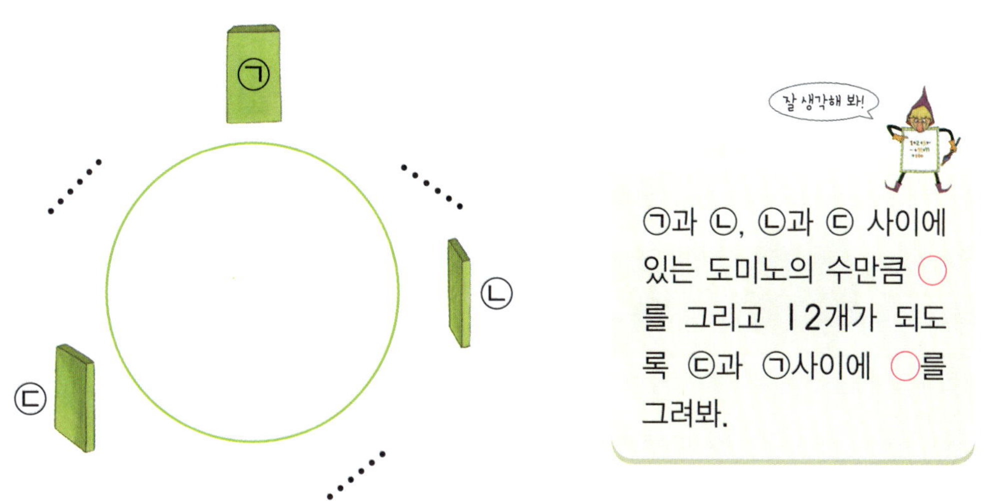

처음에는 몇 개?

꼬마 요괴들이 먹은 사탕의 수와 남은 사탕의 수를 이야기합니다. 먹은 사탕의 수만큼 ○를 그리고, 처음 상자에 있던 사탕의 수를 구하시오.

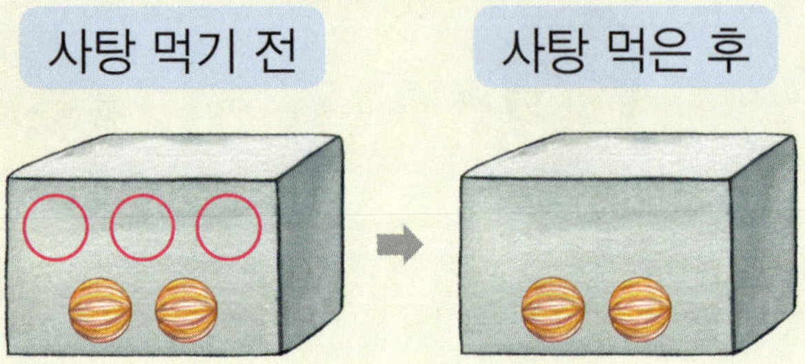

따소리 요괴　　멍하니 요괴

사탕 먹기 전　　**사탕 먹은 후**

□ 개

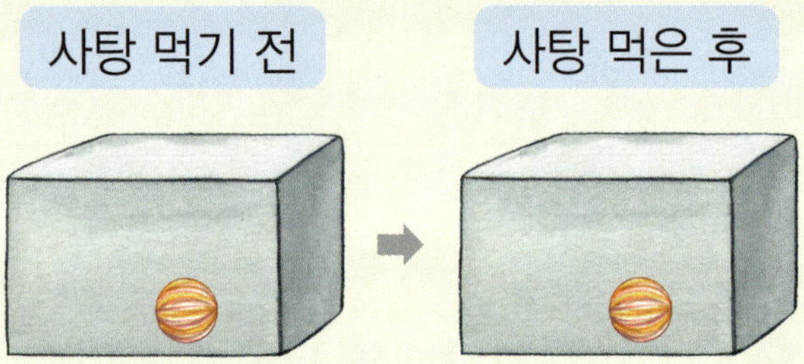

거꾸로 요괴　　울보 요괴

사탕 먹기 전　　**사탕 먹은 후**

□ 개

한입 요괴　　잠만자 요괴

사탕 먹기 전　　**사탕 먹은 후**

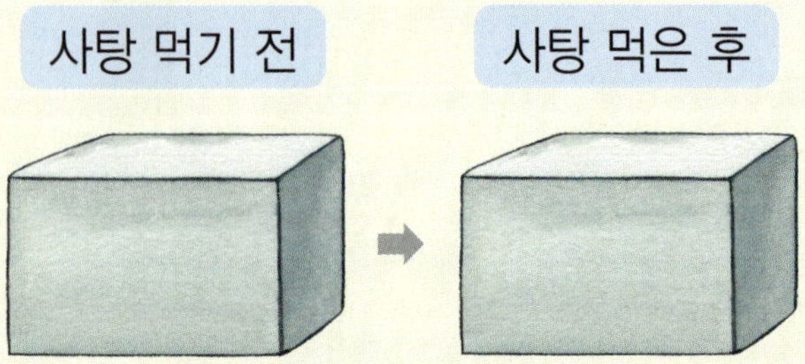

□ 개

태돌이와 현우가 사용한 색종이의 수와 남은 색종이의 수를 이야기합니다.
사용한 색종이의 수만큼 □를 그리고 처음 색종이의 수를 구하시오.

노크 포인트

거꾸로 생각하여 문제를 해결할 수 있습니다.
어떤 수에서 3을 빼고 4를 더하여 5가 되었다면 어떤 수는 거꾸로 생각하여 5에서 4를 빼고 3을 더하여 구합니다.

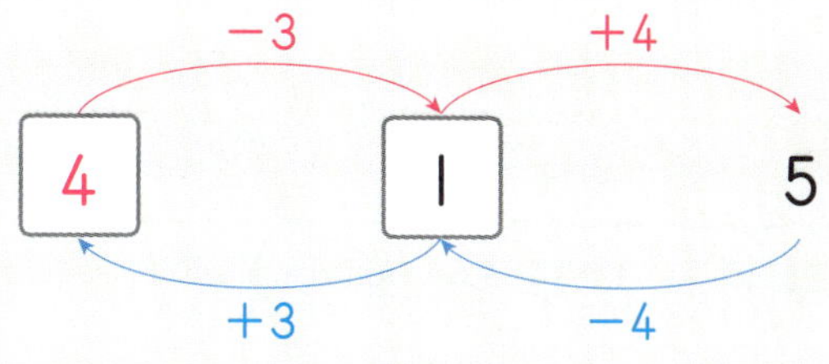

줄어들고 줄어들고

티나와 현우가 과자집의 쿠키 몇 개를 먹었습니다. 과자집의 주인인 마녀 할머니와 아이들의 대화를 보고 처음 과자집에 있던 쿠키의 수를 알아봅시다.

❶ 티나와 현우가 먹기 전 쿠키의 수를 다음과 같이 구할 수 있습니다. ☐ 안에 현우가 **4**개를 먹기 전 쿠키의 수를 써넣으시오.

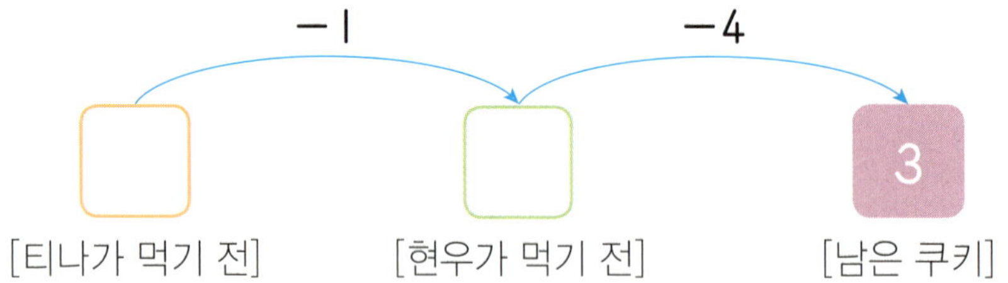

❷ 티나는 쿠키 1개를 먹었습니다. 티나가 먹기 전 쿠키의 수를 ☐ 안에 써넣으시오.

❸ 처음 과자집에 있던 쿠키는 모두 몇 개입니까?

1 새 아파트에 있던 새들 중 3마리가 아침에 날아갔습니다. 점심에 다시 4마리가 날아가고 지금 아파트에는 2마리만 남아 있습니다. 처음 아파트에 있던 새들은 모두 몇 마리입니까?

점심에는 2마리보다 많았을 거야. 아침에는 더 많았겠지. 이제 알겠지?

줄어들고 늘어나고

장난 요괴가 보물 상자에 있는 금화 5개를 가져가고, 플라톤 요정이 금화 3개를
넣었습니다. 지금 보물 상자에 금화가 6개 있을 때 처음 보물 상자에 있던 금화
의 수를 구하시오.

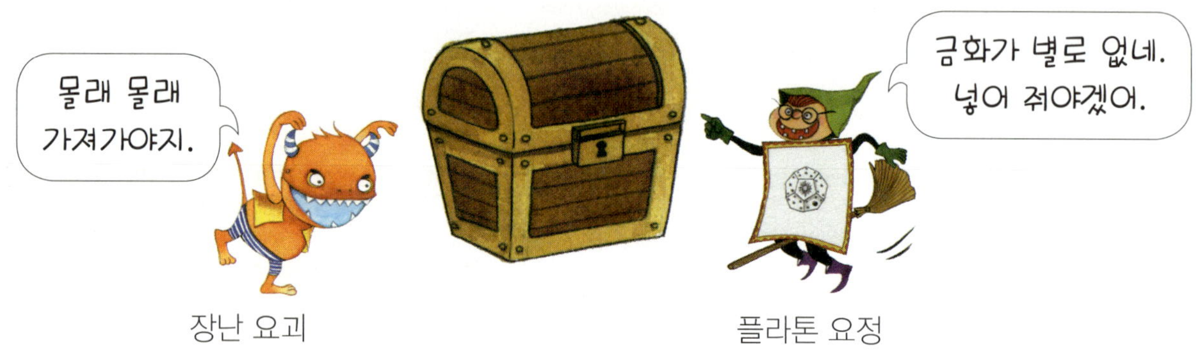

❶ 장난 요괴가 가져간 금화의 수와 플라톤 요정이 넣은 금화의 수를 ☐ 안에
차례로 써넣으시오.

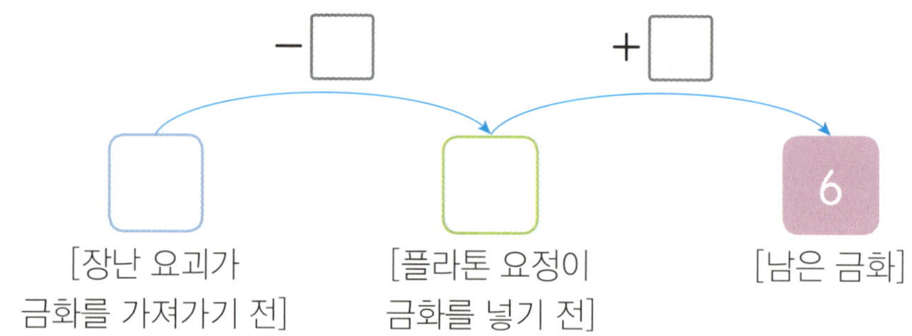

❷ 거꾸로 생각하여 플라톤 요정이 금화를 넣기 전 금화의 수를 ❶의 ☐ 안에
써넣으시오.

❸ ❶의 ☐ 안에 장난 요괴가 금화를 가져가기 전 금화의 수를 써넣으시오.

❹ 처음 보물 상자에 있던 금화는 몇 개입니까?

1 가연이는 상자 안에 있는 폭죽 중 6개를 사용하고 다시 2개를 사서 상자 안에 넣어 놓았습니다. 남은 폭죽이 3개일 때 처음 상자 안에 있던 폭죽은 모두 몇 개입니까?

상자에 2개를 넣어서 남은 폭죽이 3개가 되었다면 상자에 몇 개가 있었던 걸까?

2 암탉의 둥지에 있던 달걀 중 1개가 부화하여 병아리가 되었고, 암탉이 달걀 4개를 더 낳아서 달걀이 모두 6개가 되었습니다. 처음 둥지에 있던 달걀은 모두 몇 개입니까?

12 연역표

큐리와 태돌이가 다음과 같은 표에 좋아하는 과일은 ◯표, 싫어하는 과일은 ✕표를 했습니다.

과일 이름	바나나	사과	딸기
큐리	◯	✕	◯
태돌	✕	◯	◯

큐리

태돌

위의 표를 보고 ▢ 안에 알맞은 과일의 이름을 써넣으시오.

큐리

큐리는 [　　] 와 [　　] 를 좋아합니다.

큐리는 [　　] 를 싫어합니다.

태돌

태돌이는 [　　] 와 [　　] 를 좋아합니다.

태돌이는 [　　] 를 싫어합니다.

현우와 티나가 메론, 복숭아, 수박 중 싫어하는 과일과 좋아하는 과일을 이야기합니다. 좋아하는 과일을 ◯표, 싫어하는 과일을 ✕표로 나타내시오.

이름＼과일	메론	복숭아	수박
현우			
티나			

주어진 조건을 이용하여 결론을 이끌어 낼 때 다음과 같이 표를 이용합니다.

㉠ 태돌이와 큐리는 떡과 빵 중 서로 다른 음식을 한 가지씩 좋아합니다.
㉡ 태돌이는 떡을 좋아합니다.

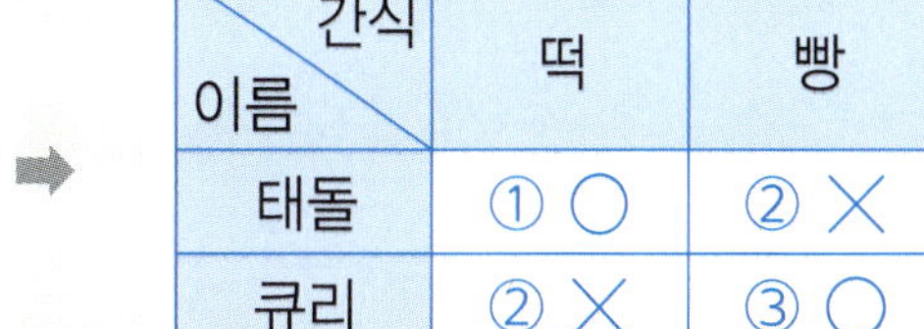

이름＼간식	떡	빵
태돌	① ◯	② ✕
큐리	② ✕	③ ◯

① 정확한 사실을 나타낸 조건 ㉡을 보고 ①에 ◯표 합니다.
② 조건 ㉠에 의해 태돌이는 빵을 좋아하지 않고, 큐리는 떡을 좋아하지 않으므로 ②에 모두 ✕표 합니다.
③ 남은 빈칸 ③에 ◯표 하여 표를 완성합니다.

표 완성하기

티나, 현우, 큐리가 달리기 경주를 했습니다. 세 친구의 이야기를 보고 각각 몇 등을 했는지 쓰시오. 단, 등수가 같은 친구는 없습니다.

1등: ☐   2등: ☐   3등: ☐

❶ 티나의 이야기를 보고 다음 표의 가로줄 ㉠에 티나와 알맞은 등수에 ○표, 티나와 맞지 않은 등수에 ✕표 하시오.

	등수 / 이름	1등	2등	3등
㉠	티나	○		
㉡	현우			
㉢	큐리			

❷ ❶의 표의 가로줄 ㉢에 큐리와 알맞은 등수에 ○표, 큐리와 맞지 않은 등수에 ✕표 하시오.

❸ 등수가 같은 친구는 없으므로 ❶의 표에서 남은 등수가 현우의 등수입니다. 가로줄 ㉡에 ○표, ✕표를 알맞게 하고, 각 등수에 맞는 친구의 이름을 쓰시오.

1 멍하니 요괴와 딴소리 요괴와 잘난척 요괴는 빨간색, 노란색, 파란색 중 서로 다른 한 가지 색깔을 좋아합니다. 다음 표를 이용하여 세 꼬마 요괴가 좋아하는 색깔을 각각 구하시오.

색깔 / 이름	빨간색	노란색	파란색
㉠ 멍하니 요괴			
㉡ 딴소리 요괴			
㉢ 잘난척 요괴			

❶ 표의 가로줄 ㉢에 잘난척 요괴가 좋아하는 색깔을 찾아 ○표 하고, ○표 한 칸이 있는 세로줄과 가로줄의 다른 빈칸에 모두 ×표 하시오.

❷ 표의 가로줄 ㉠에 멍하니 요괴가 싫어하는 색깔에 ×표 하고, 가로줄 ㉠의 남은 빈칸에 ○표 하시오.

❸ 꼬마 요괴들은 서로 다른 색깔을 좋아합니다. 가로줄 ㉡에 딴소리 요괴가 좋아하는 색깔에 ○표, 좋아하지 않는 색깔에 ×표 하시오.

❹ 세 꼬마 요괴가 좋아하는 색깔을 각각 쓰시오.

누가 어디에?

강아지, 고양이, 거북이가 상자 안에 한 마리씩 숨어 있습니다. 상자에 쓰인 글을 읽고 각 상자에 있는 동물은 누구인지 찾아보시오.

❶ ㉡ 상자에 있는 동물은 누구입니까?

❷ ❶에서 ㉡ 상자에 있는 동물을 뺀 나머지 두 동물 중 ㉢ 상자에 있는 동물을 쓰시오.

❸ ㉠ 상자에 있는 동물은 누구입니까?

1 꼬마 요괴들이 다음과 같이 나무집에 살고 있습니다. 각 꼬마 요괴가 사는 집의 기호를 ☐ 안에 써넣으시오.

1 태돌이 할아버지께서는 오리 1마리와 양 몇 마리를 기르고 계십니다. 오리와 양의 다리가 모두 14개일 때, 양은 모두 몇 마리입니까?

❶ 오리와 양의 다리 수만큼 ◯표 한 것입니다. 오리의 다리 수만큼 ◯에 색칠하시오.

❷ 양 한 마리의 다리는 **4**개입니다. ❶에서 색칠하지 않은 ◯표를 **4**개씩 묶으시오.

❸ ❷의 묶음의 수가 양의 수와 같습니다. 양은 몇 마리입니까?

2 현우, 티나, 태돌, 큐리의 형제 또는 자매의 이야기를 보고 누구의 가족인지 찾아 선으로 이으시오.

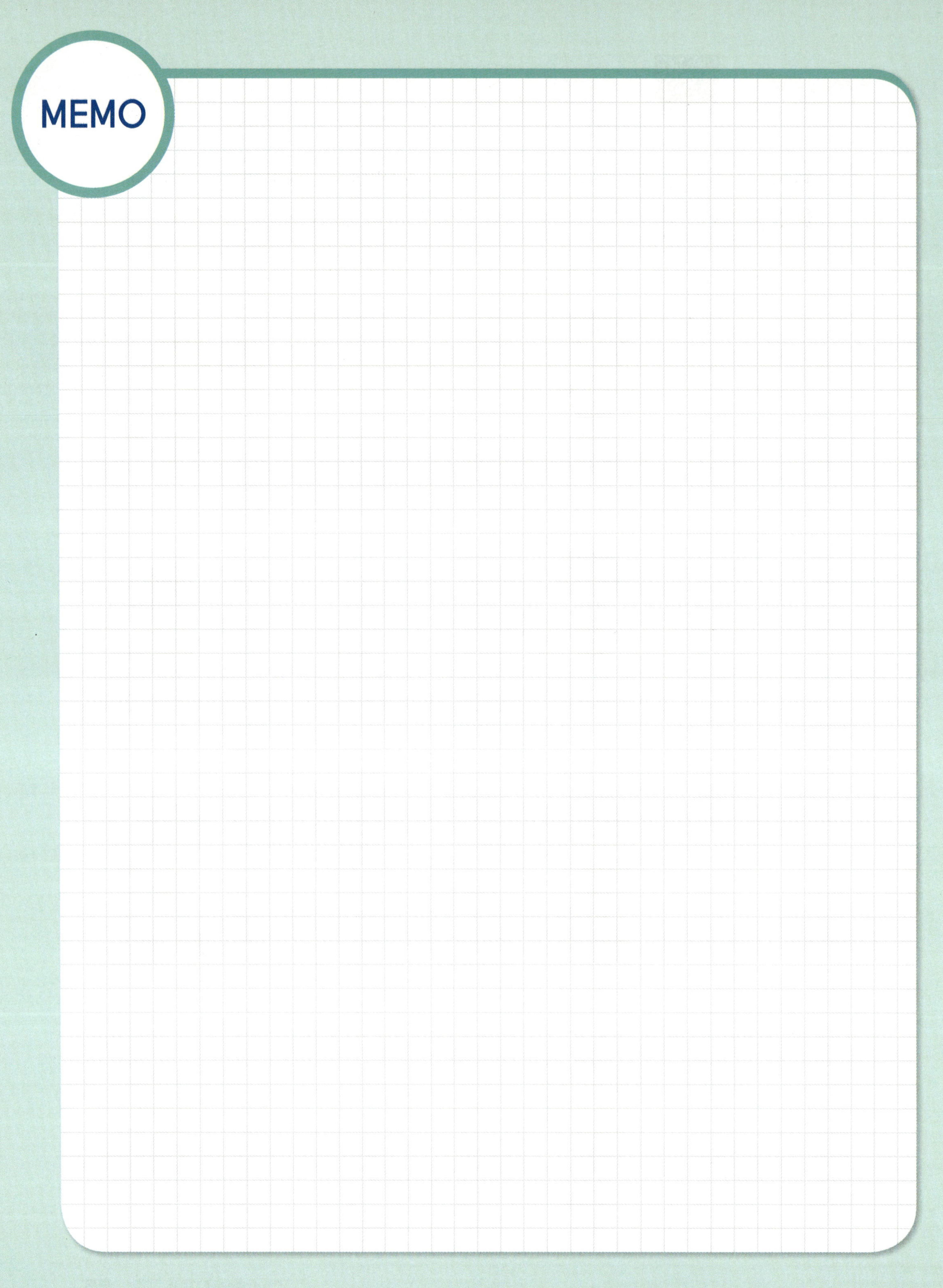
MEMO

누구나 쉽고 재미있게
사고력
수학

정답및 해설

천재교육

정답 및 해설

PA4
(7~8세)

해결전략

자리 이동

1 방향을 바꿔라

어미 고슴도치가 먹이를 구하러 집을 나섰습니다.

어미 고슴도치가 먹이를 구해 집으로 돌아오려고 합니다. 다음 모양에 성냥개비 스티커 2개를 붙여서 어미 고슴도치의 방향을 집쪽으로 바꾸시오.

성냥개비 3개를 옮겨 나비의 방향을 꽃을 향하도록 하려고 합니다. 옮기는 성냥개비의 위치를 스티커로 나타내시오.

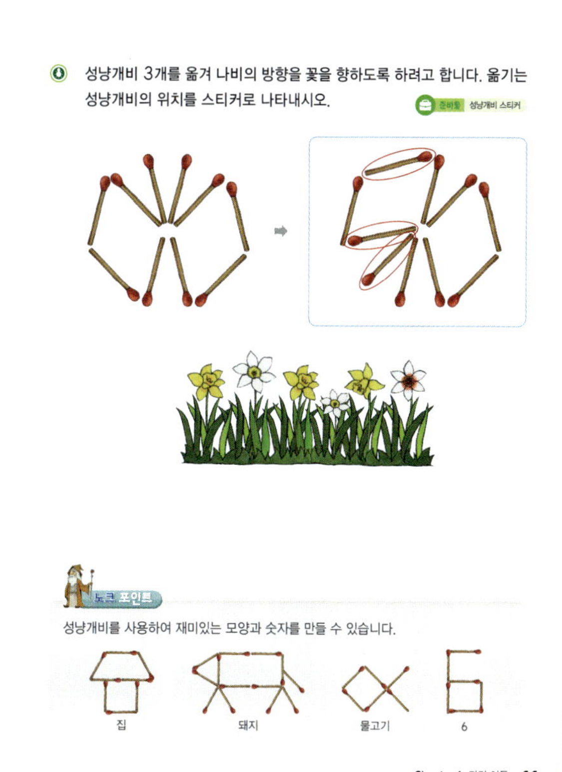

성냥개비를 사용하여 재미있는 모양과 숫자를 만들 수 있습니다.

집   돼지   물고기   6

성냥개비 세모, 네모

꼬마 요괴들이 성냥개비를 사용하여 세모 모양과 네모 모양을 만들고 있습니다.

장난 요괴가 성냥개비 5개를 사용하여 세모 모양 2개를 만들고 싶어합니다. 장난 요괴를 도와 성냥개비 스티커로 모양을 완성하시오.

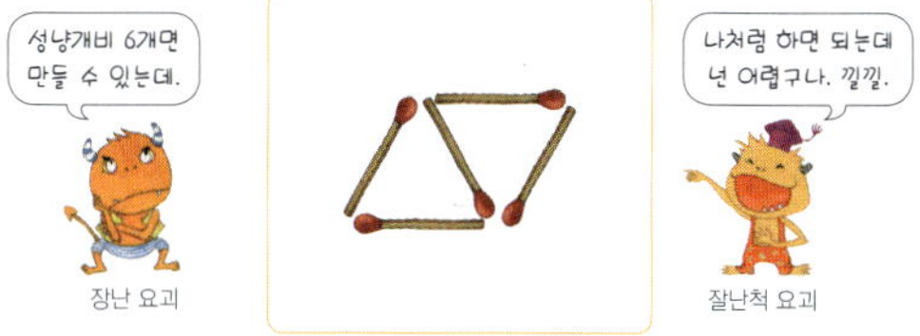

[네모 2개]

1 다음 모양에서 성냥개비 2개를 옮겨서 네모 모양 2개를 만들려고 합니다. 가림 스티커와 성냥개비 스티커를 사용하여 만들어진 모양을 나타내시오.

처음 있던 곳을 가림 스티커로 가리고, 옮겨가는 곳에 성냥개비 스티커를 붙여서 나타내렴.

14·15

🐭 성냥개비 숫자와 식

다음은 성냥개비로 만든 0부터 9까지의 숫자입니다. 조건에 맞는 성냥개비 숫자를 색칠하여 완성하시오.

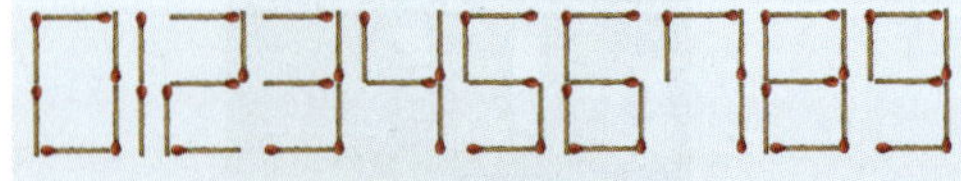

성냥개비 1개 빼서 만든 수

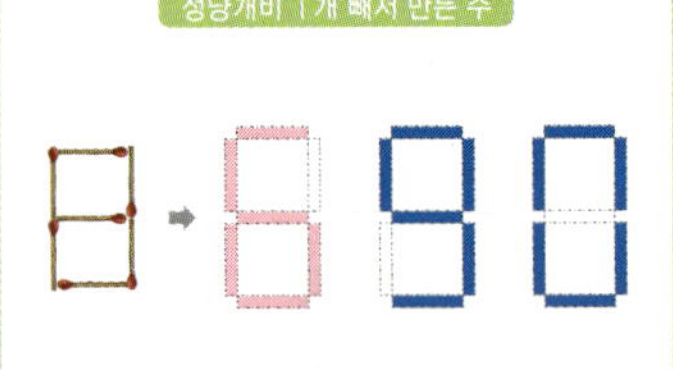

성냥개비 1개 옮겨서 만든 수

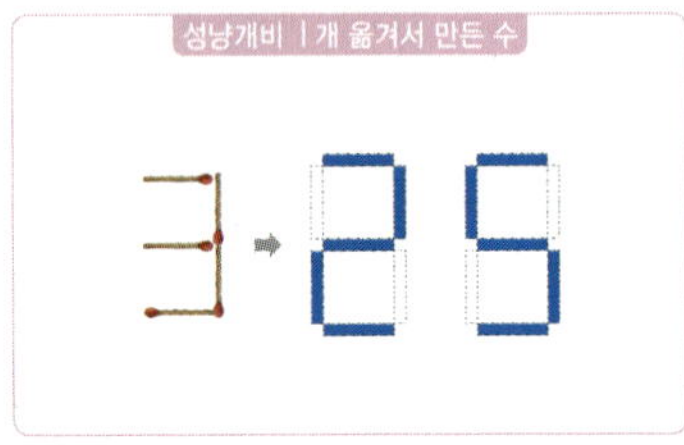

[잘못된 덧셈식]

1 잘못된 덧셈식에서 성냥개비 1개를 옮겨 올바른 식을 만들려고 합니다. 성냥개비 스티커를 사용하여 나타내시오.　🟢 준비물 성냥개비 스티커

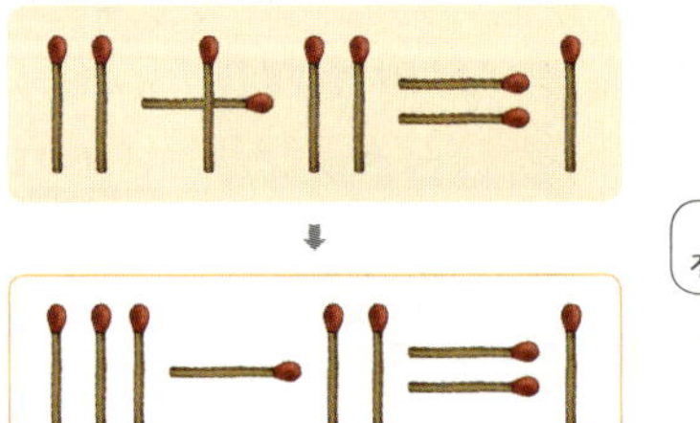

[성냥개비 식]

2 성냥개비 10개를 모두 사용하여 올바른 덧셈식을 만들어 보시오.

예

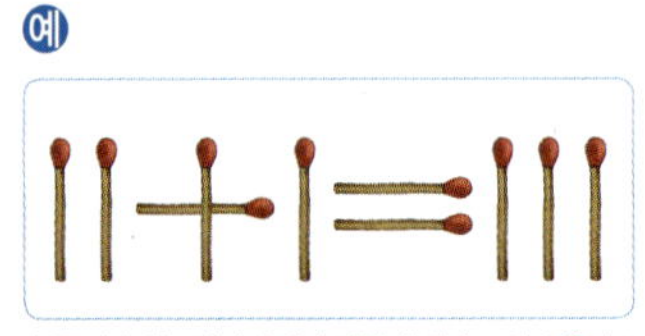
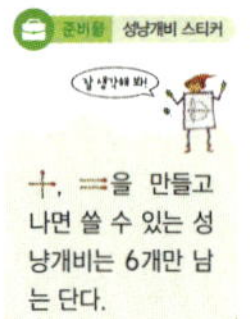

수를 나타내는 방법이 예시 답안과 달라도 식이 올바르다면 정답으로 봅니다.

16·17

② 컵 옮기기

🟢 다음과 같이 놓인 동물 젤리를 지시에 맞게 옮긴 것을 찾아 선으로 이으시오.

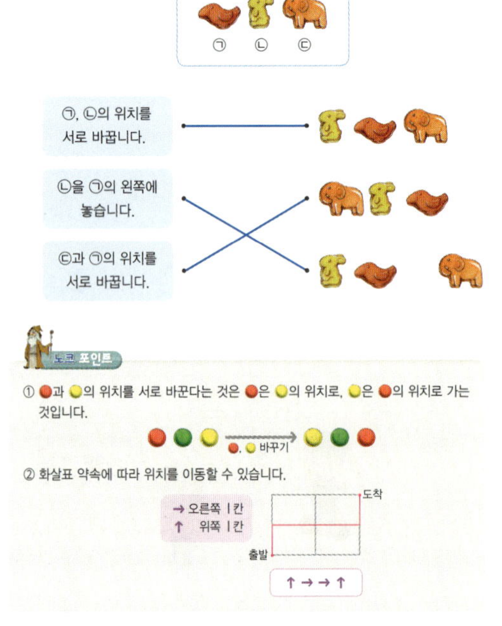

도깨 포인트

① 🔴과 🟡의 위치를 서로 바꾼다는 것은 🔴은 🟡의 위치로, 🟡은 🔴의 위치로 가는 것입니다.

🔴, 🟡 바꾸기

② 화살표 약속에 따라 위치를 이동할 수 있습니다.

→ 오른쪽 1칸
↑ 위쪽 1칸

도착 / 출발

↑ → → ↑

정답 및 해설　**3**

옮기고 옮기기

티나와 현우가 쟁반에 있는 과일을 옮기려고 합니다. 티나가 먼저 옮기고 난 다음 현우가 옮깁니다. 현우가 옮기고 난 후 과일의 위치를 스티커를 사용하여 나타내시오.

준비물 과일 스티커

❶ 티나와 현우가 과일의 위치를 옮기는 것을 차례로 스티커로 나타내시오.

❷ 문제의 빈 쟁반에 과일의 위치를 스티커로 나타내시오.

---

1 [책 정리]

마법사 멀린은 다음과 같이 꽂혀있는 책들을 정리하려고 합니다. 정리가 끝난 후 책꽂이의 가장 왼쪽에 꽂혀있는 책의 기호를 쓰시오. ⓒ

다음은 멀린의 책 정리 순서대로 정리하는 과정을 나타낸 것입니다.

화살표 따라 옮기기

➡는 오른쪽으로 한 칸 옮기고, ⬆는 위쪽으로 한 칸 옮깁니다. 규칙에 따라 다음과 같이 ⬤을 옮기고 도착하는 칸에 색칠하시오.

➡ ⬆ ⬆ ➡ ➡ ⬆ ➡ ⬆

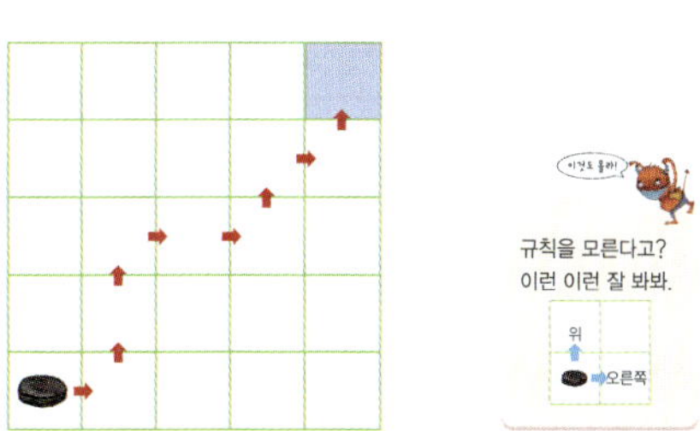

화살표 방향과 개수에 맞게 해설과 같이 길을 나타내면 도착하는 곳을 알 수 있습니다.

---

1 [강아지]

강아지 두 마리가 규칙 에 따라 칸을 움직입니다. 화살표를 따라 다 움직였을 때 뼈다귀가 있는 칸에 도착하는 강아지에 ◯표 하시오.

규칙
➡ : 오른쪽으로 한 칸 움직입니다.　⬅ : 왼쪽으로 한 칸 움직입니다.
⬆ : 위쪽으로 한 칸 움직입니다.　⬇ : 아래쪽으로 한 칸 움직입니다.

⬇ ⬇ ➡ ⬇ ⬇ ⬅ ⬅ ⬆

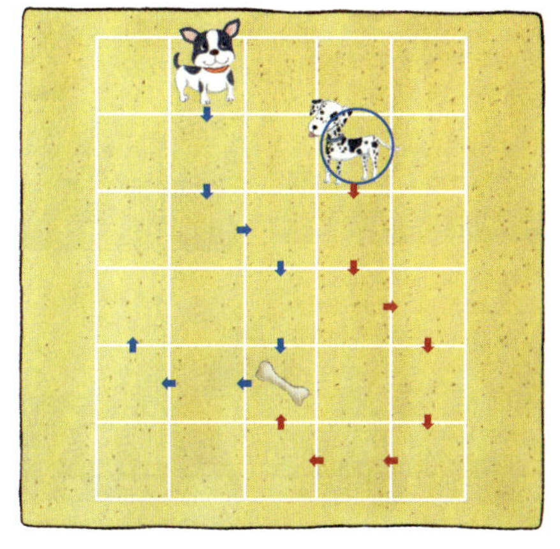

4　PA4 해결전략

③ 옮긴 금화 찾기

마법 나라의 금화 3개를 왼쪽과 같이 놓았습니다. 이 중 금화 2개의 위치를 서로 바꾸어 오른쪽과 같이 만들 때, 바꾼 금화 2개를 찾아 ×표 하시오.

④ 금화 6개로 만든 다음 모양에서 금화 1개를 옮겨 만들 수 있는 모양의 기호를 쓰시오. (㉠)

㉠ ㉡ ㉢

㉠모양은 금화 1개를 이동하여 만들 수 있습니다.

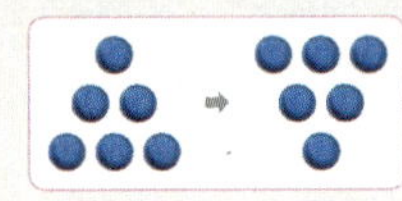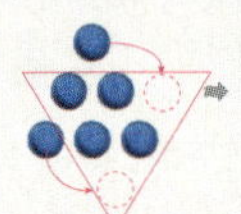

노크 포인트

구슬로 만든 모양에서 정해진 수만큼의 공을 옮겨 다른 모양을 만들 때는
① 같은 곳에 놓인 공의 수가 최대가 되도록 두 모양을 겹칩니다.
② 두 모양에서 같은 곳에 놓이지 않은 구슬을 옮겨 원하는 모양을 만듭니다.

🐲 2개 옮기기

왼쪽 모양에서 공깃돌 2개를 옮겨 오른쪽 모양을 만들었습니다. 공깃돌 딱지를 사용하여 직접 만들어 보고, 옮긴 공깃돌에 ×표 하시오. 🔵 준비물 공깃돌 딱지

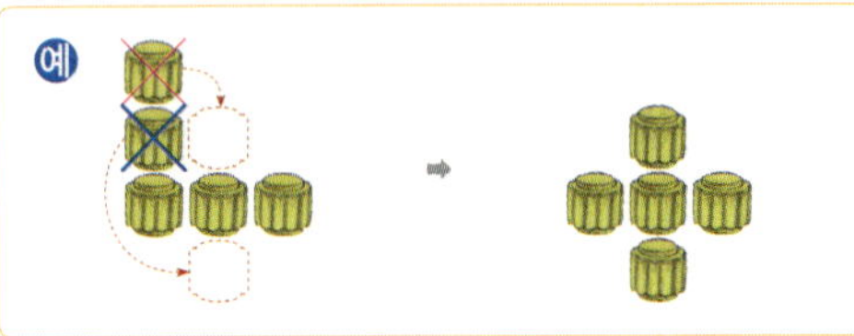
예

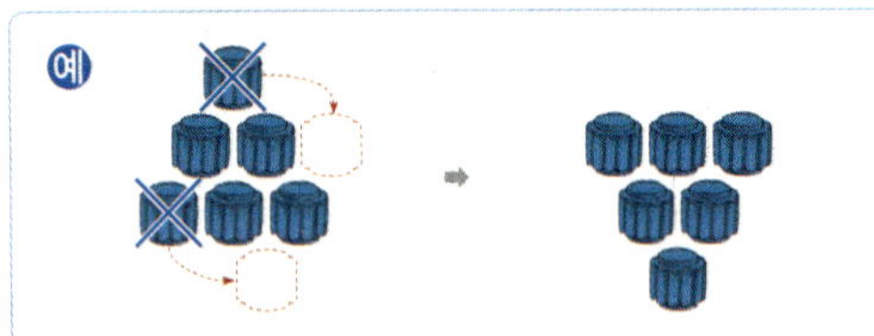
예

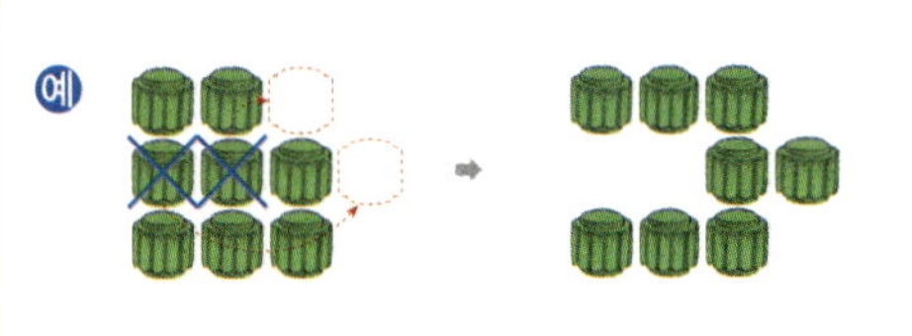
예

[세모, 네모 변신]

1 세모 모양으로 놓은 공깃돌 9개 중 2개를 옮겨서 네모 모양을 만들었습니다. 옮긴 공깃돌 2개를 찾아 ×표 하시오. 🔵 준비물 공깃돌 딱지

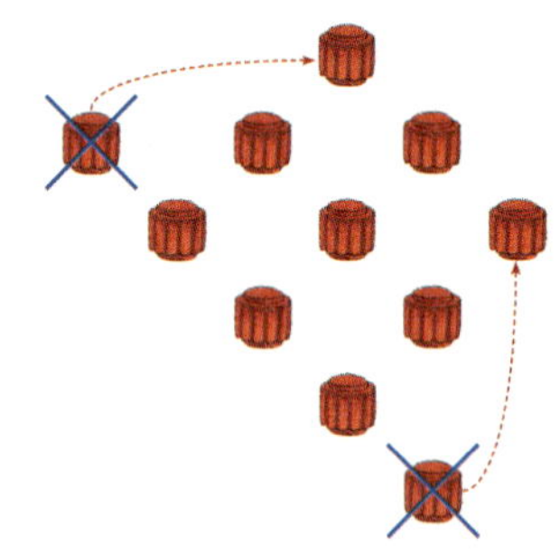

정답 및 해설 **5**

🐸 원하는 대로 배치하기

대왕 개구리 1마리와 꼬마 개구리 2마리가 연잎에 앉아 있습니다. **규칙** 에 따라 앉아있는 순서를 다음과 같이 바꾸어 봅시다.

규칙

1. 한 번에 개구리 1마리만 빈 연잎으로 움직일 수 있습니다.
2. 한 번에 연잎 1개를 뛰거나 다른 개구리 1마리를 뛰어 넘을 수 있습니다.

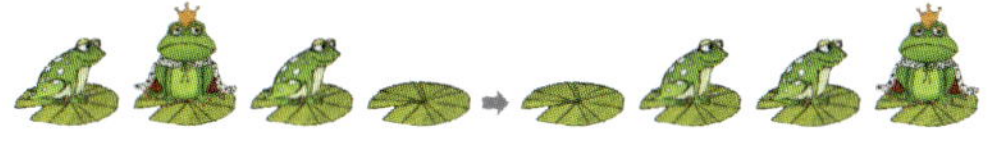

자리 바꾸기 전   자리 바꾼 후

❶ 아래 연잎 위에 자리 바꾸기 전과 같도록 개구리 딱지를 놓으시오.

㉠   ㉡   ㉢   ㉣

❷ ㉣로 한 번에 갈 수 있는 개구리가 있는 연잎의 기호를 모두 쓰시오.
㉡, ㉢

❸ 자리 바꾼 후 대왕 개구리의 자리를 생각하여 ❷에서 찾은 개구리 중 한 마리를 ㉣에 앉히시오.

❹ 자리 바꾼 후 개구리의 배치를 보고 빈 연잎에 알맞은 개구리를 옮겨 앉히시오.

[요괴 이동]

1 꼬마 요괴들이 3번 자리를 옮겨서 다음과 같이 순서를 바꾸었습니다. 한 번에 한 칸씩만 이동하고, 한 마리만 넘을 수 있다고 할 때, 요괴 딱지를 이용하여 자리 옮기는 방법을 차례로 나타내 봅시다.

👧 창의적 문제해결력

1 토끼가 성냥개비 미로를 통과하여 당근까지 갈 수 있도록 가림 스티커로 성냥개비 3개를 없애고 토끼가 가는 길을 나타내시오.

예

여러 가지 답이 있습니다.

📍 **동영상 특강**
QR 코드를 찍어 보세요!

2 물이 담겨진 컵과 빈 컵이 다음과 같이 한 줄로 놓여 있습니다. 컵을 하나만 움직여서 물이 담긴 컵과 빈 컵을 번갈아가며 놓으려고 합니다. 움직이는 컵의 기호를 쓰고, 방법을 설명하시오.

㉡, 컵 ㉡에 있는 물을 컵 ㉤에 붓습니다.

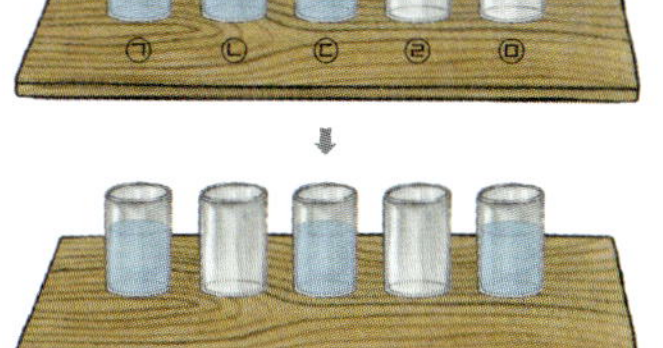

나누어 갖기

④ 반

한입 요괴와 같은 방법으로 '반'을 나타내시오.

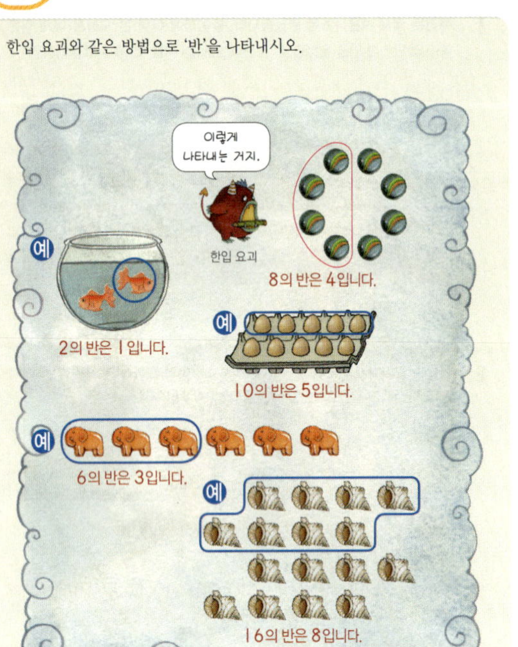

⑤ 다음을 보고 □ 안에 알맞은 수를 써넣으시오.

7 개

14의 반은 7입니다.

2 개

4의 반은 2입니다.

3 개

6의 반은 3입니다.

6 개

12의 반은 6입니다.

포인트

반은 둘로 똑같이 나눈 것 중 한 부분을 이야기합니다.

반의 반

개수와 반

꼬마 요괴들이 대마왕에게 받은 쿠키의 반을 모두 먹었습니다. 남은 쿠키가 다음과 같을 때, 가장 많은 쿠키를 받은 꼬마 요괴의 이름을 쓰시오. **멍하니 요괴**

멍하니 요괴   딴소리 요괴   잠만자 요괴

❶ 다음 □ 안에 남은 쿠키의 수를 써넣으시오.

	멍하니 요괴	딴소리 요괴	잠만자 요괴
남은 쿠키	8 개	3 개	4 개
먹은 쿠키	8 개	3 개	4 개

❷ 꼬마 요괴들이 받은 쿠키의 반을 먹었으므로, 먹은 쿠키는 남은 쿠키의 수와 같습니다. ❶의 □ 안에 먹은 쿠키의 수를 써넣으시오.

❸ 남은 쿠키의 수와 먹은 쿠키의 수를 더하면 받은 쿠키의 수와 같습니다. 각 꼬마 요괴가 받은 쿠키의 수를 구하고, 가장 많이 받은 요괴의 이름을 쓰시오.

멍하니 요괴: 16 개   딴소리 요괴: 6 개   잠만자 요괴: 8 개

[게임 카드]

1 현우는 게임 카드 중 반을 태돌이에게 주었습니다. 남은 게임 카드가 5장이라면 태돌이에게 준 게임 카드는 모두 몇 장입니까? **5장**

현우가 가진 카드 중 반을 태돌이에게 주었으므로 남은 카드의 수와 태돌이에게 준 카드의 수가 같습니다.

[사탕]

2 두 꼬마 요괴가 상자 안 사탕을 반씩 나누어 가졌습니다. 장난 요괴가 가진 사탕이 7개일 때, 상자 안의 사탕은 모두 몇 개였습니까? **14개**

장난 요괴와 울보 요괴가 가진 사탕의 수가 같으므로 상자 안 사탕의 수는 모두 7+7=14(개)입니다.

울보 요괴는 사탕 몇 개를 가졌을까? 이제 알겠지?

정답 및 해설 **7**

반의 반

꼬마 요괴들이 붕어빵 12개를 나누어 먹었습니다. 12개의 반은 대충이 요괴가 먹고, 남은 붕어빵의 반은 울보 요괴가 먹었습니다. 대충이 요괴와 울보 요괴가 먹은 붕어빵의 수를 각각 구하시오.

대충이 요괴: 6개, 울보 요괴: 3개

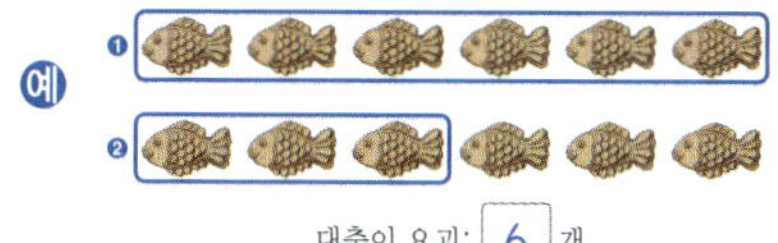

❶ 대충이는 붕어빵 12개 중 반을 먹었습니다. 12개의 반을 □로 묶고 대충이 요괴가 먹은 붕어빵의 수를 □ 안에 써넣으시오.

예

대충이 요괴: **6** 개

대충이 요괴가 12개 중 반을 먹었으므로 6개를 먹은 것입니다.

❷ ❶에서 대충이 요괴가 먹고 남은 붕어빵은 몇 개입니까? 남은 붕어빵 수의 반을 □로 묶고, 울보 요괴가 먹은 붕어빵의 수를 □ 안에 써넣으시오.

먹고 남은 붕어빵: **6** 개 울보 요괴: **3** 개

남은 붕어빵이 6개이므로 울보 요괴는 6개의 반인 3개를 먹었습니다.

❸ 대충이 요괴와 울보 요괴가 먹은 붕어빵의 수를 쓰시오.

[독서]

1 큐리는 어제 책을 16쪽 읽었습니다. 놀이터에 다녀 온 오늘은 어제 읽은 쪽수의 반의 반만큼 읽었습니다. 큐리는 오늘 책을 몇 쪽 읽었습니까?

4개

16의 반은 8, 8의 반은 4이므로 16쪽의 반의 반은 8쪽의 반이므로 4쪽입니다. 아이가 어려워하는 경우에는 ○를 16개를 그린 다음 반을 지우고, 다시 남은 ○의 반을 지워 큐리가 오늘 읽은 쪽수를 확인할 수 있습니다.

[떡과 호랑이]

2 떡장수 할머니가 호랑이를 만났습니다. 호랑이가 원하는 대로 떡을 주고 나면 할머니에게 남는 떡은 몇 개입니까? **2개**

호랑이는 오늘 떡 8개의 반을 먹으므로 4개를 먹습니다. 내일은 남은 떡 4개의 반인 2개를 먹기 때문에 할머니에게 남는 떡은 2개입니다.

⑤ 양쪽에 똑같이

다음 동물들을 울타리 양쪽의 종류별 마릿수가 같도록 스티커를 붙여 나타내시오.

준비물 동물 스티커

| 6마리 | 4마리 | 2마리 | 8마리 |

예

울타리 안에 있는 종류별 동물의 마릿수가 같으면 스티커를 붙이는 위치와 관계없이 정답입니다.

두 접시 중 한쪽 접시에만 딸기가 놓여 있습니다. 주어진 딸기 스티커를 모두 사용하여 양쪽 접시에 놓인 딸기의 수를 같게 만드시오.

준비물 딸기 스티커

: 4개

: 7개

먼저 빈 접시에 다른 접시에 놓인 딸기와 같은 수의 딸기 스티커를 붙인 다음 남은 스티커를 반으로 나누어 양쪽 접시에 붙입니다.

도로 포인트

㉠에서 ㉡으로 구슬을 옮겨 양쪽의 구슬 수가 같게 하려면 차이나는 수의 반만큼을 옮깁니다.

옮겨서 똑같이

꼬마 요괴들을 피구 경기를 하기 위해 두 팀으로 나누었습니다. 두 팀의 요괴의 수가 같아지려면 요괴팀에서 꼬마팀으로 꼬마 요괴 몇 명을 옮겨야 합니까? **3명**

❶ 요괴팀의 한입 요괴를 꼬마팀으로 옮겨봅시다. 요괴팀의 한입 요괴에 ✕표 하고, 꼬마팀에 ○표 합니다.

❷ ❶과 같은 방법으로 양쪽 팀의 선수의 수가 같아질 때까지 요괴들을 옮기시오.
답안과 다른 요괴를 이동시켰더라도 모두 **2**명의 꼬마 요괴를 옮기면 정답입니다.

❸ 양쪽 팀의 선수의 수가 같아지려면 모두 몇 명의 꼬마 요괴를 옮겨야 합니까?

[금화의 수]

1 페르마 요정은 뛰어 요괴에게 금화를 나누어 주어 둘이 같은 수의 금화를 갖게 되었습니다. 페르마 요정이 뛰어 요괴에게 준 금화는 몇 개입니까? **3개**

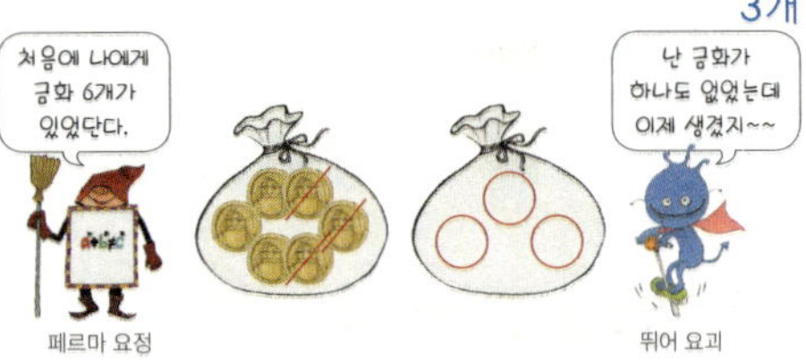

왼쪽 주머니에는 금화 6개, 오른쪽 주머니에는 금화 0개가 있습니다. 두 주머니의 개수의 차가 6개이므로 차이나는 개수의 반만큼을 옮기면 두 주머니 속 금화의 수가 같아집니다. 아이가 이해하기 어려워하는 경우 금화를 하나씩 지우고 옮겨가며 금화의 수가 같아지는 때를 찾습니다.

[연필의 수]

2 큐리는 연필 5자루, 티나는 연필 3자루를 가지고 있습니다. 큐리가 티나에게 연필 몇 자루를 주면 두 사람이 가진 연필의 수가 같아집니까? **1자루**

큐리가 티나에게 연필 1자루를 주면 두 사람이 가진 연필의 수가 모두 4자루로 같아집니다.

처음에 몇 개?

㉠ 상자에서 구슬 2개를 ㉡ 상자로 옮겨서 두 상자에 있는 구슬이 모두 6개로 같아졌습니다. 처음 ㉠ 상자에 있던 구슬은 몇 개입니까? **8개**

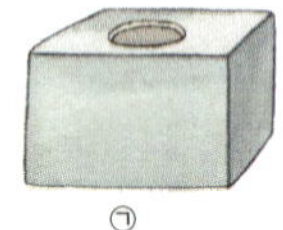

❶ 구슬을 옮긴 후 ㉠ 상자와 ㉡ 상자의 구슬은 모두 6개입니다. ㉡ 상자에 ○표 6개를 그리시오.

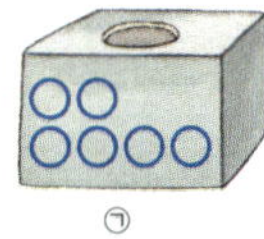

❷ ㉡ 상자로 옮긴 구슬의 수만큼 ❶의 ㉠ 상자에 ○표 하고, ㉡ 상자의 구슬을 ✕표 하여 지우시오.

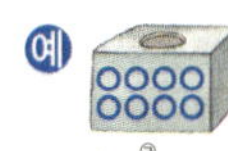

❸ 구슬을 옮기기 전 ㉠ 상자에 있던 구슬의 수를 쓰시오.

[귤의 수]

1 태돌이가 ㉠에서 ㉡으로 귤 1개를 옮겨서 두 곳의 귤이 모두 7개가 되도록 만들었습니다. 처음 ㉠에 있던 귤은 모두 몇 개입니까? **8개**

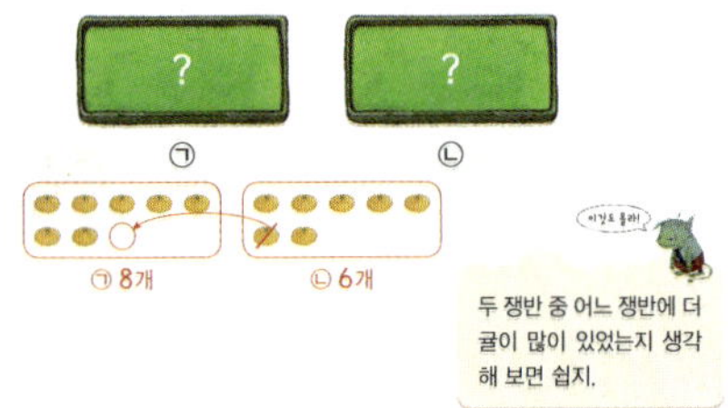

[마구간의 말]

2 말 4마리를 마구간 ㉠에서 마구간 ㉡으로 옮겨서 두 마구간에 있는 말이 각각 10마리가 되었습니다. 옮기기 전 두 마구간에 있던 말은 각각 몇 마리입니까?

마구간 ㉠: **14** 마리   마구간 ㉡: **6** 마리

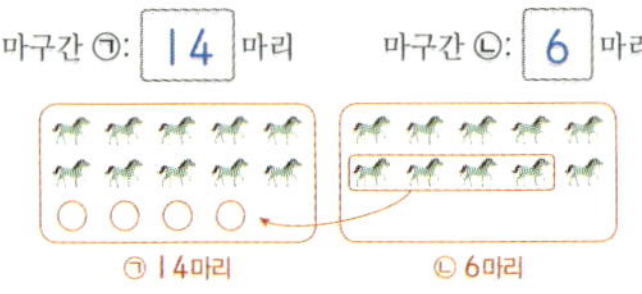

정답 및 해설 **9**

⑥ 다르게 묶기

친구들이 말하는 대로 공깃돌을 묶어 보시오.

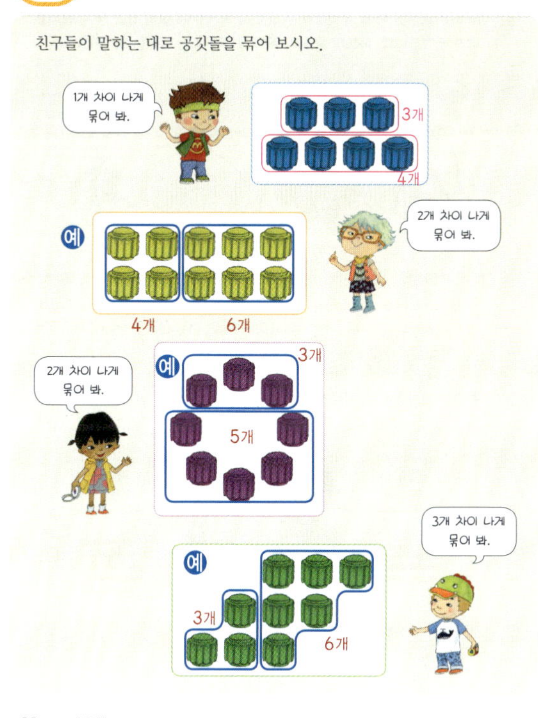

⊙ 두 묶음의 개수 차를 ☐ 안에 써넣으시오.

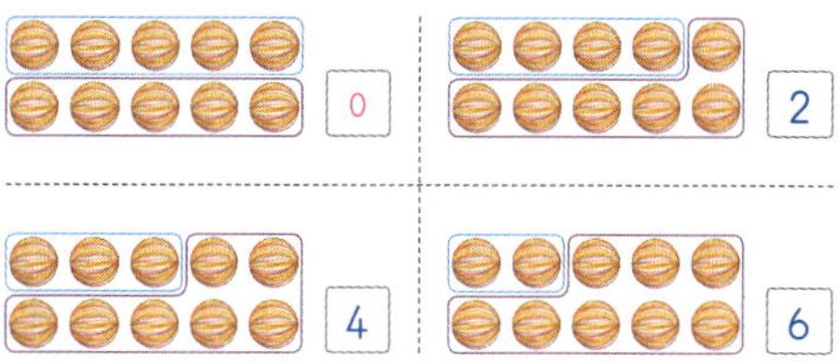

5씩 둘로 묶은 경우 두 묶음의 차는 0입니다.
한 묶음의 개수를 1 늘리고, 다른 묶음의 개수를 1 줄이면 두 묶음의 개수 차는 2입니다.
한 묶음의 개수를 2 늘리고, 다른 묶음의 개수를 2 줄이면 두 묶음의 개수 차는 4입니다.
한 묶음의 개수를 3 늘리고, 다른 묶음의 개수를 3 줄이면 두 묶음의 개수 차는 6입니다.

두근 포인트

딱지 8개를 태돌이가 큐리보다 2개 더 많이 가지도록 나눌 수 있습니다.

① 태돌이가 딱지 2개를 먼저 가집니다.
② 남은 딱지를 태돌이와 큐리가 반씩 나누어 가집니다.

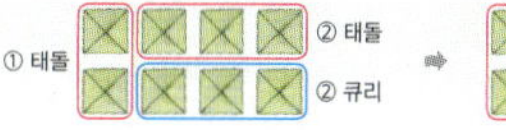

👾 다르게 나누기

샌드위치 9개를 대충이 요괴와 한입 요괴가 나누어 가집니다. 대충이 요괴가 3개 더 가지려고 할 때 두 꼬마 요괴가 가지는 샌드위치의 수를 각각 구하시오.

대충이 요괴: 6 개   한입 요괴: 3 개

❶ 대충이 요괴가 더 가지는 샌드위치의 수만큼 왼쪽에 ✕표 하고, ☐ 안에 그 수만큼의 샌드위치 스티커를 붙이시오.

❷ ❶에서 지우고 남은 샌드위치를 대충이와 한입 요괴에게 반씩 나누어 줍니다. 위의 ☐, ☐ 안에 샌드위치 스티커를 붙이시오.

❸ 대충이 요괴와 한입 요괴가 가져가는 샌드위치의 수를 쓰시오.

[O, ✕]

1 울보 요괴가 친구들이 사는 집에 ○표 또는 ✕표를 하려고 합니다. ○표를 ✕표보다 4번 더 많이 해야 한다고 할 때, ☐ 안에 ○표 또는 ✕표를 알맞게 하시오.

네 집에 먼저 ○표 한 다음 남은 여섯 집의 반은 ○표, 반은 ✕표 합니다.

[곶감]

2 곶감 12개가 있습니다. 티나가 큐리보다 곶감 4개를 더 많이 가지려면 티나는 곶감 몇 개를 가져야 합니까?   **8개**

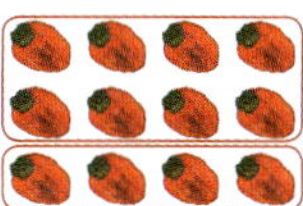

곶감 12개 중 티나가 4개를 먼저 가져간 후 남은 8개를 티나와 큐리가 반씩 나누어 가집니다. 따라서 티나는 4＋4＝8(개)를 가집니다.

---

10   PA4 해결전략

더 주기

현우와 큐리는 딱지를 5장씩 가지고 있습니다. 큐리가 현우보다 딱지 4장을 더 가지려면 현우는 큐리에게 딱지 몇 장을 주어야 합니까? **2장**

❶ 현우의 딱지 1장을 큐리에게 줍니다. 현우의 딱지 1장에 ✕표 하고, 큐리에게 ◯표 1개를 하시오.

❷ ❶에서와 같이 딱지 1장을 큐리에게 주었을 때 두 사람의 딱지는 몇 장 차이가 납니까? **2장**

❸ 두 사람의 딱지가 4장 차이가 나도록 ❶의 과정을 반복하시오.

예

❹ 현우가 큐리에게 몇 장을 주어야 합니까? **2장**

[인형 가게]

1 다음과 같은 인형 진열대가 있습니다. ㉠에 있는 인형이 ㉡에 있는 인형보다 2개 더 많으려면 ㉡에서 ㉠으로 인형을 몇 개 옮겨야 합니까? **1개**

㉡에서 ㉠으로 인형 1개를 옮기면 ㉠에 있는 인형은 5개, ㉡에 있는 인형은 3개이므로 2개 차이가 납니다.

[도토리]

2 엄마 다람쥐와 아기 다람쥐는 모두 도토리를 6개씩 가지고 있습니다. 엄마 다람쥐가 아기 다람쥐보다 도토리를 6개 더 많이 가지려면 아기 다람쥐가 엄마 다람쥐에게 도토리 몇 개를 주어야 합니까? **3개**

$9 - 3 = 6$(개)

창의적 문제해결력

1 양팔 저울에 무게가 같은 추를 다음과 같이 올렸습니다. 양팔 저울이 기울어지지 않게 하려면 양팔 저울의 왼쪽에 놓인 추 몇 개를 오른쪽으로 옮겨야 합니까?

❶ 

1 개

양팔 저울의 양쪽에 놓인 무게가 같으려면 양쪽에 놓인 추의 수가 같아야 합니다. 왼쪽의 추 1개를 오른쪽으로 옮겨 양쪽에 놓인 추가 모두 2개가 되도록 만듭니다.

❷ 

2 개

왼쪽의 추 2개를 오른쪽으로 옮겨 양쪽에 놓인 추가 모두 4개가 되도록 만듭니다.

기울어지지 않은 저울

📍 동영상 특강
QR 코드를 찍어 보세요!

2 3명의 생선 장수가 생선 20마리를 사서 다음과 같은 순서로 나누었습니다. 각 생선 장수가 가지는 생선의 마릿수를 ☐ 안에 써넣으시오.

10 마리   8 마리   2 마리

1. ㉠, ㉡이 생선 20마리를 반씩 나누어 10마리씩 갖습니다.
2. ㉡이 가진 생선은 10마리이고 이것을 6마리 차이나도록 ㉢과 나누어 ㉡은 8마리, ㉢은 2마리를 가집니다.

정답 및 해설 **11**

현명한 판단

7 물건 꺼내기

태돌이와 친구들이 빨간색, 노란색, 파란색, 초록색 튜브를 1개씩 사려고 합니다. 튜브를 위에서부터 고르고 한 번 뺀 튜브는 다시 놓을 수 없습니다.

위에서 태돌이와 친구들이 사는 튜브 4개에 ◯표 하시오.

다음과 같이 걸려있는 세 종류의 열쇠고리를 모두 2개씩 고르려고 합니다. 고르는 열쇠고리에 모두 ◯표 하시오. (단, 오른쪽부터 빼고, 한 번 뺀 열쇠고리는 다시 걸 수 없습니다.)

토토 포인트

원하는 사물을 빼내기 위해서는 다른 사물들의 위치를 보고 해야 할 일을 결정합니다.

① 2번 잘라 모빌의 🟢, 🟡, 🔵 남기기   ② 차 빼기

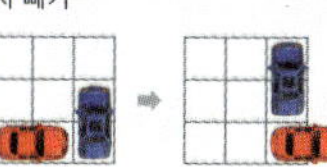

모빌 자르기

다음과 같은 모빌이 있습니다. 모빌의 줄 3곳을 잘라 네 종류의 모양을 1개씩만 모빌에 남게 하려고 합니다. 자르는 곳에 모두 ✕표 하시오.

❶ 자르는 곳이 3곳이므로 한 줄에 한 번씩 잘라야 합니다. 오른쪽 ✕표 한 곳을 모두 잘랐을 때 모빌에 남는 모양에 모두 ◯표 하시오.

❷ ❶에서 모빌에 남지 않은 모양을 모빌에 남기려면 ㉠, ㉡, ㉢ 중 어느 줄의 자르는 곳을 옮겨야 합니까? ㉠

🚙이 ㉠과 ㉢에 모두 있습니다. 그러나 ㉢에서 🚙을 남기려면 🚒을 더 남겨야 하고, 자르는 횟수도 3번이 아니므로 ㉠의 자르는 위치를 조절해야 합니다.

❸ ❷에서 찾은 줄의 자르는 곳을 옮겨 자르는 곳 3곳을 표시하시오.

[꼬치 자르기]

1 두 꼬치를 한 번씩 잘라 왼쪽 부분은 ㉠ 접시, 오른쪽 부분은 ㉡ 접시에 놓습니다. 각 접시에 젤리가 종류별로 2개씩 있도록 만드시오.   준비물 꼬치 스티커

예

㉠   ㉡

여러 가지 답이 있습니다.

[모빌 자르기]

2 꼬마 요괴가 모빌 2곳을 잘라 나온 구슬을 가지려고 합니다. 종류별로 1개씩 구슬을 가지려고 할 때 자르는 곳에 모두 ✕표 하시오.

---

58 · 59

🚗 차 빼내기

주차장에 다음과 같이 차들이 있습니다. 차들은 앞, 뒤로만 움직일 수 있다고 할 때, 빨간색 자동차를 주차장 밖으로 빼내는 방법을 알아봅시다. 　준비물　자동차 딱지

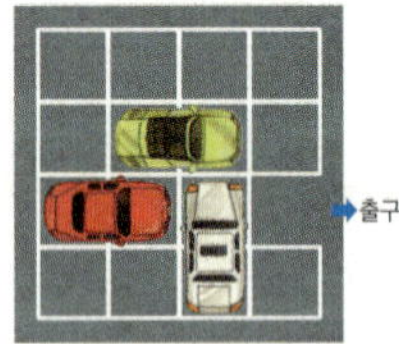

❶ 아래에 문제와 같은 위치에 자동차를 놓으시오.

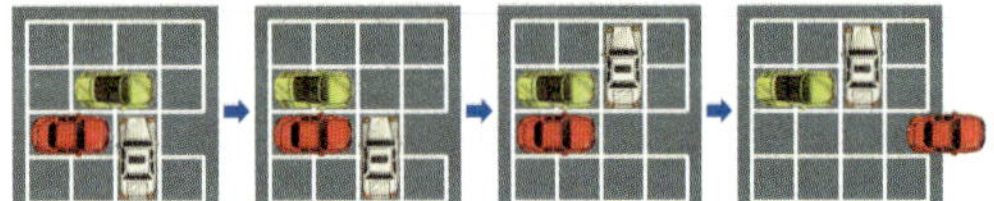

위와 같은 순서로 자동차를 움직여서 빨간색 차를 주차장에서 빼낼 수 있습니다.

❷ 빨간색 차 앞을 막는 흰색 차를 움직여야 합니다. 흰색 차가 움직일 수 있도록 노란색 차를 움직이시오.

❸ 빨간색 차를 막지 않도록 흰색 차를 움직이고, 빨간색 차를 빼내시오.

[빨간색 차 빼기]

1 빨간색 차를 주차장 밖으로 빼내려고 합니다. 자동차 하나를 한 번만 움직일 수 있다고 할 때 먼저 움직이는 차부터 차례로 번호를 써넣으시오. 　준비물　자동차 딱지

🚗 (빨간색)	4
🚙 (파란색)	2
🚗 (노란색)	1
🚚 (트럭)	3

---

60 · 61

⑧ 도착하면 이기는 게임

꼬마 요괴들이 게임을 합니다. 인형을 번갈아가며 1칸씩 움직여서 과자집이 있는 마지막 칸에 도착하는 사람이 이기는 게임입니다. 　준비물　종이 인형

잠만자 요괴와 장난 요괴 중 이기는 요괴는 누구입니까? **잠만자 요괴**

---

❷ 잠만자 요괴와 장난 요괴가 순서를 바꾸지 않고 게임을 계속합니다. 다음 게임의 칸의 수와 이기는 꼬마 요괴의 이름을 쓰시오.

4 칸
장난 요괴

5 칸
잠만자 요괴

게임 칸의 수가 홀수이면 먼저 시작한 요괴가 항상 이기고 게임 칸의 수가 짝수이면 나중에 시작한 요괴가 항상 이깁니다.

🧙 　노크　포인트

두 사람이 번갈아가며 구슬을 가져갈 때 마지막 구슬을 가져가는 사람이 이기는 게임이 있습니다. 이 게임에서는 한 번에 가져가는 구슬의 수와 총 구슬의 수에 따라 먼저 시작하는 사람과 나중에 시작하는 사람 중 항상 이기는 사람이 있습니다.

① 1개씩 가져가는 경우: 총 구슬의 수가 짝수이면 나중에 시작하는 사람이 총 구슬의 수가 홀수이면 먼저 시작하는 사람이 항상 이길 수 있습니다.

② 구슬이 4개, 한 번에 1개 또는 2개를 가져가는 경우: 먼저 시작해서 1를 가져가면 항상 이깁니다.

정답 및 해설　**13**

가져가면 이기는 게임

현우와 티나가 번갈아가며 공깃돌을 가져가고, 마지막 공깃돌을 가져가는 사람이 이깁니다. 한 번에 가져갈 수 있는 공깃돌의 수가 다음과 같을 때 이기는 사람의 이름을 쓰시오.

1개부터 6개까지

현우가 최대 6개를 가져갈 수 있으므로 처음 시작하여 공깃돌 모두 가져가면 현우가 이깁니다.

이기는 사람: 현우

1개부터 5개까지

현우가 최대 5개를 가져갈 수 있으므로 남은 공깃돌이 몇 개든 티나가 다 가져갈 수 있습니다. 따라서 이기는 사람은 티나입니다.

이기는 사람: 티나

[바둑돌]

1 다음과 같은 규칙에 따라 바둑돌을 움직입니다. 먼저 하는 사람과 나중에 하는 사람 중 이기는 사람에 ◯표 하시오.

규칙
1. 두 사람이 번갈아가며 바둑돌을 옮깁니다.
2. 한 번에 1칸부터 7칸까지 옮길 수 있습니다.
3. 도착칸에 바둑돌을 옮긴 사람이 이깁니다.

먼저 하는 사람: ◯   나중에 하는 사람: ☐

1칸부터 7칸까지 옮길 수 있으므로 먼저 시작하는 사람이 도착칸에 옮겨서 이길 수 있습니다.

[구슬]

2 태돌이와 큐리가 번갈아가며 구슬을 가져갑니다. 1개부터 7개까지 가져갈 수 있고, 마지막 구슬을 가져가는 사람이 이깁니다. 태돌이가 먼저, 큐리가 나중에 시작할 때 이기는 사람은 누구입니까? 큐리

님 게임

한입 요괴와 울보 요괴가 번갈아가며 왼쪽부터 차례대로 1칸 또는 2칸을 색칠합니다. 마지막 칸을 칠하는 요괴가 이깁니다. 이기는 방법을 알아봅시다.

❶ 한입 요괴가 처음 시작하여 2칸을 색칠했습니다. 한입 요괴와 울보 요괴 중 이기는 요괴는 누구입니까?

 울보 요괴

❷ 한입 요괴가 처음 시작하여 1칸을 색칠하면 울보 요괴는 1칸 또는 2칸을 색칠할 수 있습니다. 각 경우 이기는 요괴는 누구입니까?

한입 요괴   한입 요괴

❸ 이 게임에서 먼저 시작하는 한입 요괴가 처음에 몇 칸을 색칠하면 항상 이길 수 있습니까? 1칸

[꽃잎]

1 두 사람이 번갈아가며 꽃잎을 1장 또는 2장 가져갑니다. 마지막 꽃잎을 가져가는 사람이 이긴다고 할 때, 먼저 하는 사람과 나중에 하는 사람 중 누구에게 더 유리합니까? 먼저 하는 사람

꽃잎 4장 중 먼저 시작하는 사람이 먼저 1장을 가져갑니다. 나중에 시작하는 사람이 1장 또는 2장을 가져가도 남은 꽃잎이 있으므로 먼저 시작하는 사람이 마지막 꽃잎을 가져가서 이길 수 있습니다.

[국화빵]

2 강아지와 고양이가 번갈아가며 국화빵을 1개 또는 2개 먹습니다. 강아지가 먼저 먹기 시작하여 항상 마지막 국화빵을 먹을 수 있으려면 처음 몇 개의 국화빵을 먹어야 합니까? 1개

---

9 가위바위보

큐리와 태돌이가 새로운 가위바위보를 합니다. 가위, 바위, 보 중 카드에 있는 2가지만 낼 수 있습니다.

딴소리 요괴가 알고 있는 지지 않는 방법은 무엇인지 이야기해 봅시다.

가위바위 게임에서는 바위를 내면 절대 지지 않고 이기거나 비깁니다.

다음 카드에 있는 2가지만 낼 수 있다고 할 때, 절대 지지 않기 위해 내야하는 것에 ◯표 하시오.

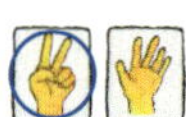 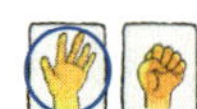

거꾸로 요괴와 장난 요괴가 가위바위보를 합니다. 거꾸로 요괴의 생각을 보고 장난 요괴가 절대 지지 않기 위해서 내야하는 것을 쓰시오.

장난 요괴가 바위를 내면 거꾸로 요괴가 가위를 냈을 때는 이기고, 거꾸로 요괴가 바위를 냈을 때는 비깁니다.

장난 요괴가 보를 내면 거꾸로 요괴가 바위를 냈을 때는 이기고, 거꾸로 요괴가 보를 냈을 때는 비깁니다.

노크 포인트

① 2가지 가위바위보를 할 때는 절대 지지 않을 수 있는 방법이 있습니다. 낼 수 있는 2가지 중 이기는 한 가지를 내면 항상 이기거나 비깁니다.

 → 를 내면 지지 않습니다.

② ㅣ개 또는 이웃한 2개를 가져가고 더 많이 가져가는 사람이 이기는 게임에서 가져가는 구슬의 위치에 따라 게임의 결과가 달라집니다.

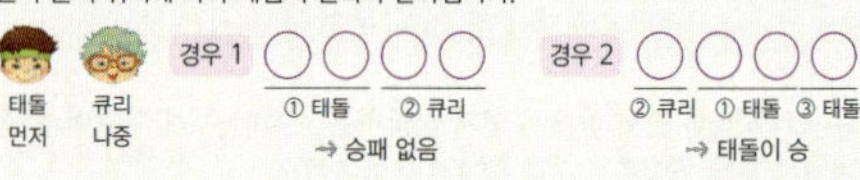

🐛 계단 오르기

티나와 현우가 가위바위보를 하여 빨간색 계단에 먼저 도착하는 사람이 이기는 게임을 합니다. 규칙 이 다음과 같을 때 티나가 내야하는 것에 ◯표 하시오. (단, 빨간색 계단을 지나가면 도착하지 못한 것으로 봅니다.)

규칙
1. 이기면 3칸을 올라갑니다.
2. 비기면 2칸을 올라갑니다.
3. 지면 ㅣ칸을 내려갑니다.

❶

티나가 빨간색 계단에 가기 위해서는 2칸을 올라가야 하므로 현우와 비겨야 합니다. 따라서 현우와 같은 보를 내야 합니다.

❷

티나가 빨간색 계단에 가기 위해서는 아래로 ㅣ칸을 내려가야 하므로 현우에게 져야 합니다. 따라서 가위를 내야 합니다.

[계단 오르기]

1 가위바위보를 하여 빨간색 계단에 먼저 도착하는 사람이 이깁니다. 이기면 3칸, 비기면 2칸을 올라가고 지면 ㅣ칸을 내려갑니다. 현우와 티나 중 가위바위보 한 판으로 빨간색 계단에 갈 수 있는 사람은 누구입니까? **현우**

빨간색 계단에 가려면 현우는 ㅣ칸을 내려가야 하고, 티나는 ㅣ칸을 올라가야 합니다. 그러나 ㅣ칸을 올라갈 수 있는 방법이 없기 때문에 빨간색 계단에 한 번에 갈 수 있는 사람은 현우입니다.

[다른 규칙]

2 현우와 티나가 규칙을 바꾸어 이기면 3칸, 비기면 2칸을 올라가고 지면 올라가지도 내려가지도 않기로 했습니다. 계단 아래서 게임을 시작할 때 빨간색 계단과 파란색 계단 중 밟을 수 없는 계단은 무엇입니까? **파란색 계단**

빨간색 계단은 2번 비기면 밟을 수 있습니다. 그러나 ㅣ칸만 올라갈 수 있는 방법이 없으므로 파란색 계단은 밟을 수 없습니다.

가져가기

큐리와 태돌이는 4개의 열쇠 중 1개 또는 2개를 번갈아가며 가져가는 게임을 합니다. 2개를 가져갈 때는 이웃한 열쇠만 가져갈 수 있고, 더 많은 수의 열쇠를 가져가는 사람이 이깁니다.

❶ 많은 수의 열쇠를 가져가기 위해서 먼저 시작하는 큐리는 처음에 열쇠 2개를 가져가야 합니다. 열쇠 2개를 가져가는 방법이 3가지 있습니다. 각 방법마다 나중에 하는 태돌이가 이기기 위해 가져가는 열쇠를 □로 묶어서 표시하시오.

예

방법 1　　큐리: 2 개　　태돌: 2 개

방법 2　　큐리: 3 개　　태돌: 1 개

방법 3　　큐리: 2 개　　태돌: 2 개

❷ ❶에서 남은 열쇠가 있는 경우 큐리의 차례에 모두 가져갈 수 있습니다. 가져가는 열쇠에 ○표 하시오.

❸ ❶의 3가지 방법에서 큐리와 태돌이가 가져가는 열쇠의 수를 각각 쓰시오.

❹ 문제의 4개의 열쇠 중에서 먼저 시작하는 사람이 이기기 위해 처음에 가져가야 하는 열쇠를 □로 묶어서 나타내시오.

[사탕 먹기]

1 울보 요괴와 딴소리 요괴가 사탕을 나누어 먹습니다. 울보 요괴는 한 번에 1개씩만 먹을 수 있고, 딴소리 요괴는 한 번에 1개 또는 이웃한 2개를 먹을 수 있습니다. 울보 요괴가 딴소리 요괴보다 더 많이 먹을 수 있는 방법을 쓰시오. **울보 요괴가 먼저 가운데 놓인 사탕을 먹습니다.**

울보 요괴가 사탕 ㉡을 가져가면 딴소리 요괴는 이웃한 사탕 2개가 없으므로 ㉠, ㉢ 중 1개를 가져가고 남은 사탕을 다시 울보 요괴가 먹을 수 있습니다. 울보 요괴는 사탕 2개, 딴소리 요괴는 사탕 1개를 먹습니다.

[색칠하기]

2 한입 요괴와 멍하니 요괴가 각기 다른 색으로 번갈아가며 모양을 색칠합니다. 한 번에 1칸 또는 이웃한 2칸을 칠할 수 있습니다. 한입 요괴가 먼저 파란색으로 2칸을 색칠할 때, 파란색 칸이 연속하여 4칸이 되지 않도록 다음 모양을 색칠해 보시오.

창의적 문제해결력

1 태돌이와 큐리가 번갈아가며 금화를 가져가고 마지막 금화를 가져가는 사람이 이깁니다. 한 번에 1개부터 3개까지 가져갈 수 있다고 할 때 항상 이길 수 있는 사람을 알아봅시다.

❶ 먼저 시작한 태돌이가 2개 또는 3개를 가져가는 경우 다음 차례인 큐리가 이기기 위해 가져가야 하는 금화를 □로 묶어서 나타내시오.

❷ 먼저 시작한 태돌이가 1개를 가져간 다음 큐리가 1개부터 3개까지 금화를 가져가는 각 경우를 생각해 봅시다. 각 경우마다 태돌이가 이기기 위해 가져가야 하는 금화를 □로 묶어서 나타내시오.

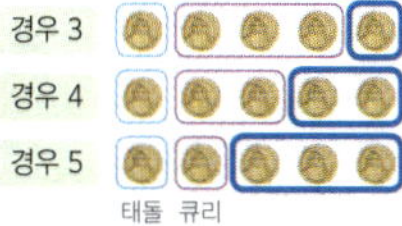

❸ 태돌이가 이기는 방법을 설명하시오.
먼저 시작하여 1개를 가져갑니다.

📍 동영상 특강
QR 코드를 찍어 보세요!!

2 모빌의 줄 4곳을 잘라 서로 다른 모양이 1개씩 남도록 하려고 합니다. 자르는 곳에 모두 ×표 하시오.

예

여러 가지 답이 있습니다.

문제 해결

⑩ 모두 몇 칸?

뛰어 요괴가 운동장에 바둑판 모양으로 칸을 나누고 왼쪽 가장 아래 칸에 있습니다. 뛰어 요괴가 오른쪽으로 3칸, 위로 2칸, 오른쪽으로 1칸을 움직였더니 바둑판 모양의 가장 오른쪽 위 칸에 도착하였습니다.

뛰어 요괴가 움직인 방향과 칸 수에 맞게 칸을 그리시오.

바둑판 모양이 되도록 운동장의 빈 곳에 칸을 그려 뛰어 요괴가 몇 칸으로 나누었는지 구하시오. 15칸

다음과 같은 바둑판의 가장 왼쪽 위 칸에 바둑돌을 놓았습니다. 오른쪽으로 1칸, 아래로 3칸, 오른쪽으로 3칸을 움직이면 가장 오른쪽 아래 칸에 도착합니다. 바둑돌이 움직인 칸을 그려 바둑판은 모두 몇 칸인지 구하시오.

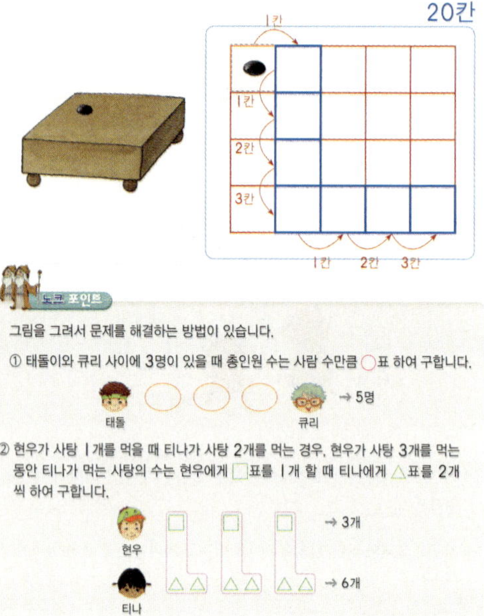

모두 포인트

그림을 그려서 문제를 해결하는 방법이 있습니다.

① 태돌이와 큐리 사이에 3명이 있을 때 총인원 수는 사람 수만큼 ◯표 하여 구합니다.

② 현우가 사탕 1개를 먹을 때 티나가 사탕 2개를 먹는 경우, 현우가 사탕 3개를 먹는 동안 티나가 먹는 사탕의 수는 현우에게 ☐표를 1개 할 때 티나에게 △표를 2개씩 하여 구합니다.

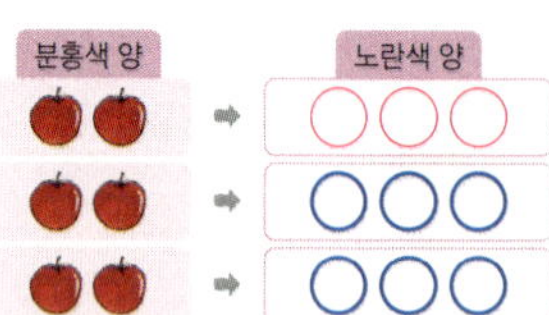

🐉 모두 몇 개?

울보 요괴와 대충이 요괴가 쿠키를 나누어 먹습니다. 울보 요괴가 쿠키 1개를 먹는 동안 대충이 요괴는 2개를 먹습니다. 쿠키가 모두 12개 있을 때 두 요괴가 먹는 쿠키의 수를 각각 구하시오.

준비물 쿠키 스티커

울보 요괴: 4개, 대충이 요괴: 8개

❶ 쿠키 스티커 12개를 모두 울보와 대충이에게 나누어 붙입니다. (단, 울보에게 1개를 붙일 때 대충이에게는 2개를 붙입니다.)

❷ ❶에서 두 요괴에게 붙인 쿠키 스티커는 각각 몇 개입니까?

울보 요괴: 4 개   대충이 요괴: 8 개

❸ 울보 요괴와 대충이 요괴가 먹는 쿠키의 수를 각각 쓰시오.

[양과 사과]

1 분홍색 양이 사과 2개를 먹는 동안 노란색 양은 사과 3개를 먹습니다. 분홍색 양이 사과 6개를 먹는 동안 노란색 양이 먹는 사과의 수를 구하시오. **9개**

❶ 분홍색 양이 사과 2개를 먹는 동안 노란색 양이 먹는 사과의 수만큼 빈 곳에 ◯를 그리시오.

분홍색 양		노란색 양
🍎🍎	➡	◯◯◯
🍎🍎	➡	◯◯◯
🍎🍎	➡	◯◯◯

❷ ❶에서 그린 ◯의 수를 모두 세어 노란색 양이 먹는 사과의 수를 구하시오. **9개**

정답 및 해설 **17**

🐛 모두 몇 명?

꼬마 요괴들이 다음과 같이 선 둘레에 서 있습니다. 거꾸로 요괴와 장난 요괴 사이에는 요괴 4명이 있고, 거꾸로 요괴와 잠만자 요괴 사이에는 요괴 3명이 있습니다. 선의 둘레에 있는 요괴는 모두 몇 명입니까? **10명**

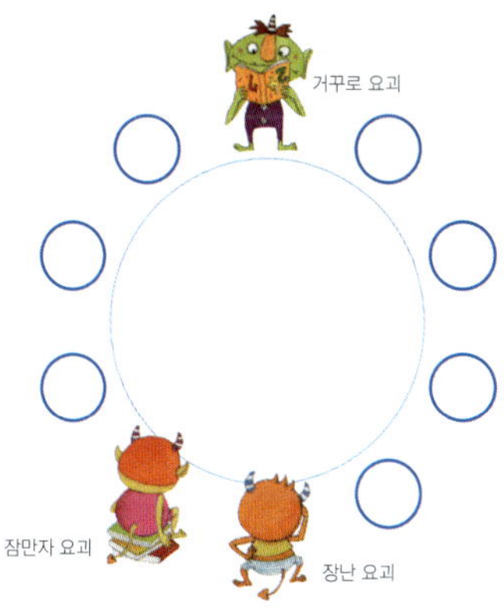

❶ 거꾸로 요괴와 장난 요괴 사이에 있는 요괴의 수만큼 선의 둘레에 ○를 그리시오.

❷ 거꾸로 요괴와 잠만자 요괴 사이에 있는 요괴의 수만큼 선의 둘레에 ○를 그리시오.

❸ 선 둘레에 서 있는 요괴는 모두 몇 명입니까?

[한 줄 서기]

1 현우와 친구들이 한 줄로 서 있습니다. 현우와 큐리 사이에는 2명이 있고, 현우와 태돌이 사이에는 6명이 있습니다. 큐리와 태돌이 사이에는 모두 몇 명이 있습니까? **3명**

[둥글게 놓기]

2 도미노 12개를 둥글게 놓았습니다. ㉠과 ㉡ 사이에는 도미노 2개, ㉡과 ㉢ 사이에는 도미노 4개가 있습니다. ㉢과 ㉠ 사이에 있는 도미노는 모두 몇 개입니까? **3개**

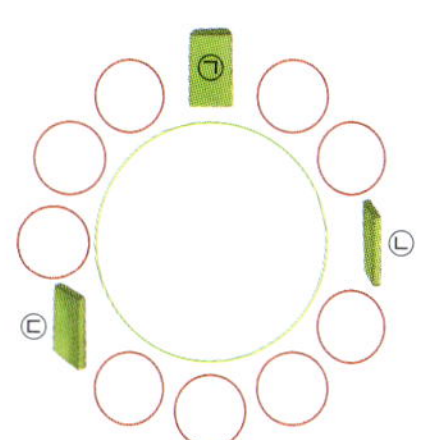

---

11 처음에는 몇 개?

꼬마 요괴들이 먹은 사탕의 수와 남은 사탕의 수를 이야기합니다. 먹은 사탕의 수만큼 ○를 그리고, 처음 상자에 있던 사탕의 수를 구하시오.

먹은 사탕의 수만큼 ○를 그리면 먹기 전 상자 안에 있던 사탕의 수를 알 수 있습니다.

---

❶ 태돌이와 현우가 사용한 색종이의 수와 남은 색종이의 수를 이야기합니다. 사용한 색종이의 수만큼 □를 그리고 처음 색종이의 수를 구하시오.

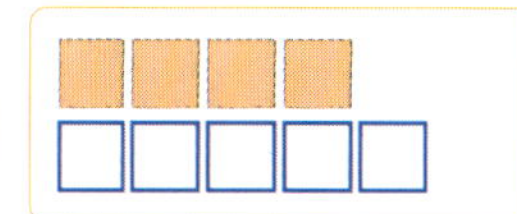
9장

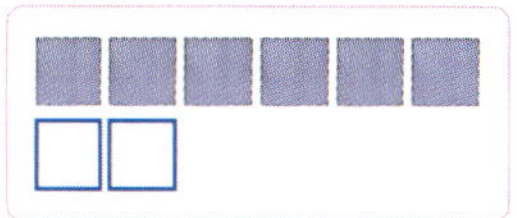
8장

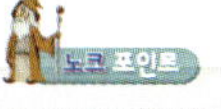

거꾸로 생각하여 문제를 해결할 수 있습니다.
어떤 수에서 3을 빼고 4를 더하여 5가 되었다면 어떤 수는 거꾸로 생각하여 5에서 4를 빼고 3을 더하여 구합니다.

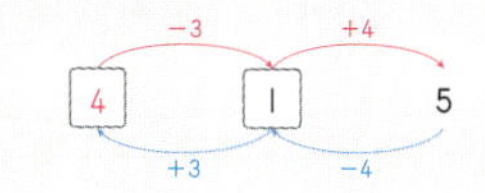

---

18 PA4 해결전략

🐛 줄어들고 줄어들고

84·85

티나와 현우가 과자집의 쿠키 몇 개를 먹었습니다. 과자집의 주인인 마녀 할머니와 아이들의 대화를 보고 처음 과자집에 있던 쿠키의 수를 알아봅시다.

❶ 티나와 현우가 먹기 전 쿠키의 수를 다음과 같이 구할 수 있습니다. ☐ 안에 현우가 4개를 먹기 전 쿠키의 수를 써넣으시오.

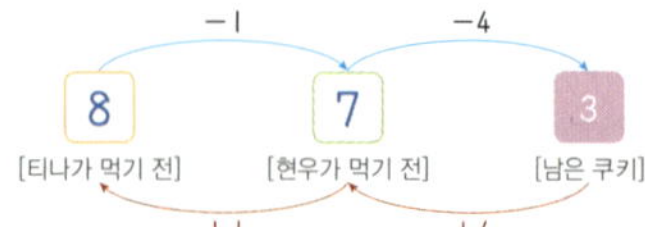

❷ 티나는 쿠키 1개를 먹었습니다. 티나가 먹기 전 쿠키의 수를 ☐ 안에 써넣으시오.

❸ 처음 과자집에 있던 쿠키는 모두 몇 개입니까? 8개

[새 아파트]

1 새 아파트에 있던 새들 중 3마리가 아침에 날아갔습니다. 점심에 다시 4마리가 날아가고 지금 아파트에는 2마리만 남아 있습니다. 처음 아파트에 있던 새들은 모두 몇 마리입니까? 9마리

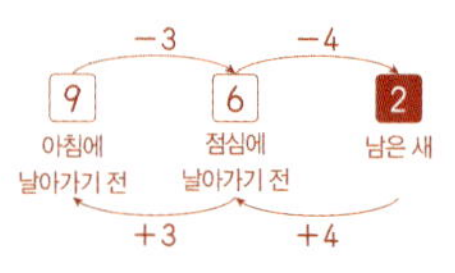

🐻 줄어들고 늘어나고

86·87

장난 요괴가 보물 상자에 있는 금화 5개를 가져가고, 플라톤 요정이 금화 3개를 넣었습니다. 지금 보물 상자에 금화가 6개 있을 때 처음 보물 상자에 있던 금화의 수를 구하시오. 8개

❶ 장난 요괴가 가져간 금화의 수와 플라톤 요정이 넣은 금화의 수를 ☐ 안에 차례로 써넣으시오.

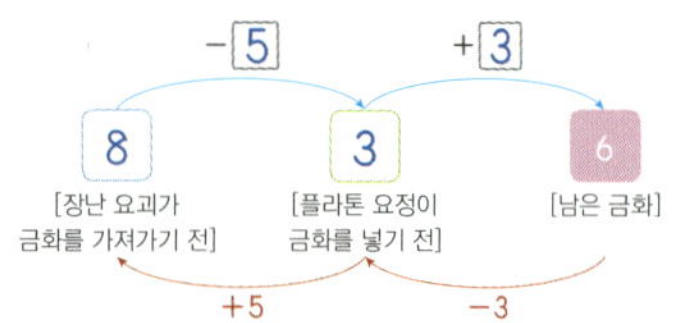

❷ 거꾸로 생각하여 플라톤 요정이 금화를 넣기 전 금화의 수를 ❶의 ☐ 안에 써넣으시오.

❸ ❶의 ☐ 안에 장난 요괴가 금화를 가져가기 전 금화의 수를 써넣으시오.

❹ 처음 보물 상자에 있던 금화는 몇 개입니까?

[폭죽의 수]

1 가연이는 상자 안에 있는 폭죽 중 6개를 사용하고 다시 2개를 사서 상자 안에 넣어 놓았습니다. 남은 폭죽이 3개일 때 처음 상자 안에 있던 폭죽은 모두 몇 개입니까? 7개

[달걀의 수]

2 암탉의 둥지에 있던 달걀 중 1개가 부화하여 병아리가 되었고, 암탉이 달걀 4개를 더 낳아서 달걀이 모두 6개가 되었습니다. 처음 둥지에 있던 달걀은 모두 몇 개입니까? 3개

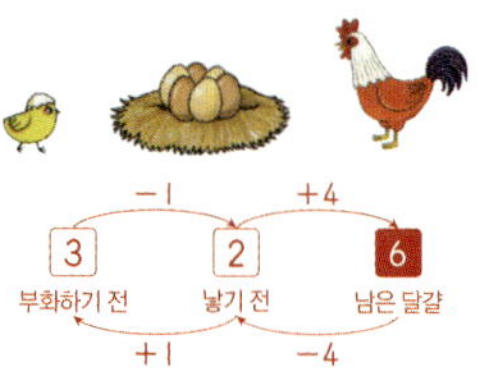

정답 및 해설 **19**

12 연역표

큐리와 태돌이가 다음과 같은 표에 좋아하는 과일은 ○표, 싫어하는 과일은 ×표를 했습니다.

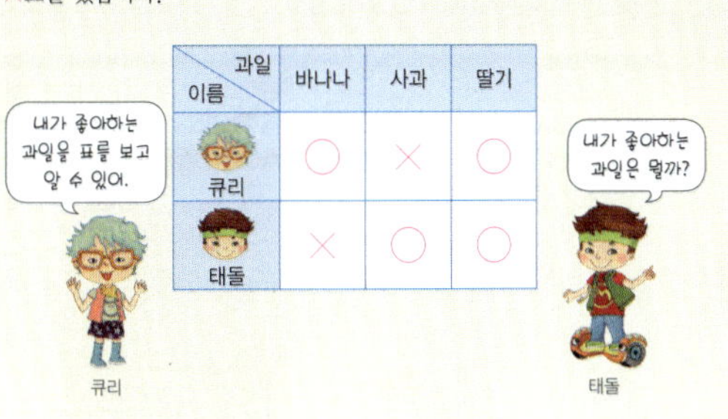

이름＼과일	바나나	사과	딸기
큐리	○	×	○
태돌	×	○	○

위의 표를 보고 □ 안에 알맞은 과일의 이름을 써넣으시오.

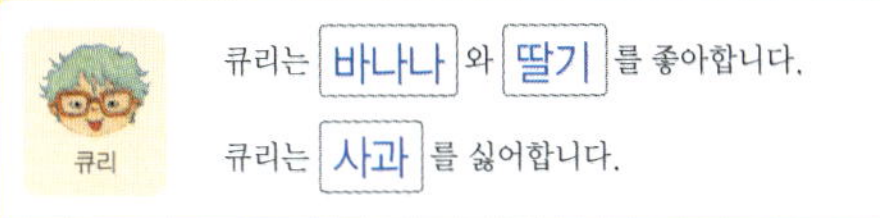

큐리는 **바나나** 와 **딸기** 를 좋아합니다.

큐리는 **사과** 를 싫어합니다.

태돌이는 **사과** 와 **딸기** 를 좋아합니다.

태돌이는 **바나나** 를 싫어합니다.

○ 현우와 티나가 메론, 복숭아, 수박 중 싫어하는 과일과 좋아하는 과일을 이야기합니다. 좋아하는 과일을 ○표, 싫어하는 과일을 ×표로 나타내시오.

이름＼과일	메론	복숭아	수박
현우	○	○	×
티나	○	×	○

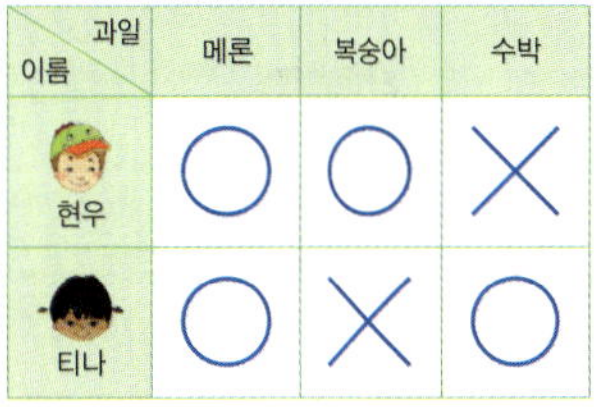

노크 포인트

주어진 조건을 이용하여 결론을 이끌어 낼 때 다음과 같이 표를 이용합니다.

이름＼간식	떡	빵
태돌	① ○	② ×
큐리	② ×	③ ○

① 정확한 사실을 나타낸 조건 ㉡을 보고 ①에 ○표 합니다.
② 조건 ㉠에 의해 태돌이는 빵을 좋아하지 않고, 큐리는 떡을 좋아하지 않으므로 ②에 모두 ×표 합니다.
③ 남은 빈칸 ③에 ○표 하여 표를 완성합니다.

🐉 표 완성하기

티나, 현우, 큐리가 달리기 경주를 했습니다. 세 친구의 이야기를 보고 각각 몇 등을 했는지 쓰시오. 단, 등수가 같은 친구는 없습니다.

1등: **티나**   2등: **큐리**   3등: **현우**

❶ 티나의 이야기를 보고 다음 표의 가로줄 ㉠에 티나와 알맞은 등수에 ○표, 티나와 맞지 않은 등수에 ×표 하시오.

이름＼등수	1등	2등	3등
㉠ 티나	○	×	×
㉡ 현우	×	×	○
㉢ 큐리	×	○	×

티나가 가장 먼저 들어왔다고 했으므로 1등에 ○표, 나머지 2, 3등에 ×표 합니다.

❷ ❶의 표의 가로줄 ㉢에 큐리와 알맞은 등수에 ○표, 큐리와 맞지 않은 등수에 ×표 하시오.
티나가 1등을 했고, 큐리는 가장 늦게 들어오지 않았다고 했으므로 2등을 한 것을 알 수 있습니다.

큐리는 1등도 아니고 3등도 아니야. 큐리는 몇 등일까?

❸ 등수가 같은 친구는 없으므로 ❶의 표에서 남은 등수가 현우의 등수입니다. 가로줄 ㉡에 ○표, ×표를 알맞게 하고, 각 등수에 맞는 친구의 이름을 쓰시오.
표에서 3등이 있는 세로줄에만 ○표가 없으므로 현우가 3등입니다.

[좋아하는 색깔]

1 멍하니 요괴와 딴소리 요괴와 잘난척 요괴는 빨간색, 노란색, 파란색 중 서로 다른 한 가지 색깔을 좋아합니다. 다음 표를 이용하여 세 꼬마 요괴가 좋아하는 색깔을 각각 구하시오.

멍하니 요괴: 파란색, 딴소리 요괴: 노란색, 잘난척 요괴: 빨간색

이름＼색깔	빨간색	노란색	파란색
㉠ 멍하니 요괴	×	×	○
㉡ 딴소리 요괴	×	○	×
㉢ 잘난척 요괴	○	×	×

❶ 표의 가로줄 ㉢에 잘난척 요괴가 좋아하는 ○표 한 칸이 있는 세로줄과 가로줄의 다른

이름＼색깔	빨간색	노란색	파란색
멍하니 요괴	×		
딴소리 요괴	×		
잘난척 요괴	○	×	×

❷ 표의 가로줄 ㉠에 멍하니 요괴가 싫어하는 ㉠의 남은 빈칸에 ○표 하시오.

이름＼색깔	빨간색	노란색	파란색
멍하니 요괴	×	×	○
딴소리 요괴	×		
잘난척 요괴	○	×	×

❸ 꼬마 요괴들은 서로 다른 색깔을 좋아합니다. 가로줄 ㉡에 딴소리 요괴가 좋아하는 색깔에 ○표, 좋아하지 않는 색깔에 ×표 하시오.

❹ 세 꼬마 요괴가 좋아하는 색깔을 각각 쓰시오.

---

20 PA4 해결전략

92·93

🐾 누가 어디에?

강아지, 고양이, 거북이가 상자 안에 한 마리씩 숨어 있습니다. 상자에 쓰인 글을 읽고 각 상자에 있는 동물은 누구인지 찾아보시오.

❶ ㉡ 상자에 있는 동물은 누구입니까? **거북이**

❷ ❶에서 ㉡ 상자에 있는 동물을 뺀 나머지 두 동물 중 ㉢ 상자에 있는 동물을 쓰시오. **강아지**

❸ ㉠ 상자에 있는 동물은 누구입니까? **고양이**

[꼬마 요괴의 집]

1 꼬마 요괴들이 다음과 같이 나무집에 살고 있습니다. 각 꼬마 요괴가 사는 집의 기호를 □ 안에 써넣으시오.

집 이름	㉠	㉡	㉢	㉣
거꾸로 요괴	×	○	×	×
장난 요괴	○	×	×	×
딴짓 요괴	×	×	○	×
잠만자 요괴	×	×	×	○

잠만자 요괴는 가장 낮은 곳이므로 ㉣에 삽니다. 거꾸로 요괴는 가장 높지는 않지만 높은 곳이므로 ㉡, 장난 요괴는 거꾸로 요괴보다 높은 곳이므로 ㉠에 삽니다. 딴짓 요괴는 네 곳 중 남은 집 ㉢에 삽니다.

94·95

👧 창의적 문제해결력

1 태돌이 할아버지께서는 오리 1마리와 양 몇 마리를 기르고 계십니다. 오리와 양의 다리가 모두 14개일 때, 양은 모두 몇 마리입니까? **3마리**

❶ 오리와 양의 다리 수만큼 ○표 한 것입니다. 오리의 다리 수만큼 ○에 색칠하시오.

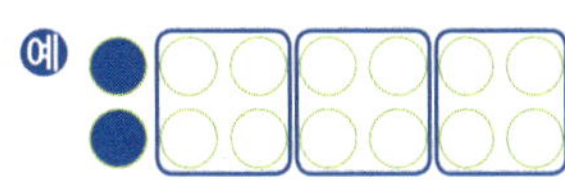

❷ 양 한 마리의 다리는 4개입니다. ❶에서 색칠하지 않은 ○표를 4개씩 묶으시오.

❸ ❷의 묶음의 수가 양의 수와 같습니다. 양은 몇 마리입니까?

---

2 현우, 티나, 태돌, 큐리의 형제 또는 자매의 이야기를 보고 누구의 가족인지 찾아 선으로 이으시오.

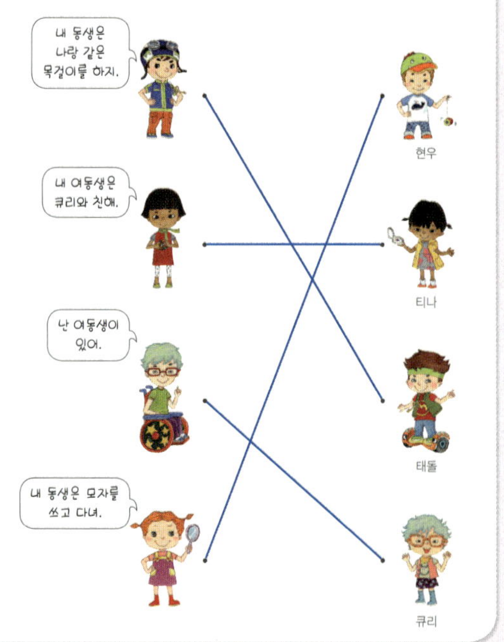

정답 및 해설 **21**

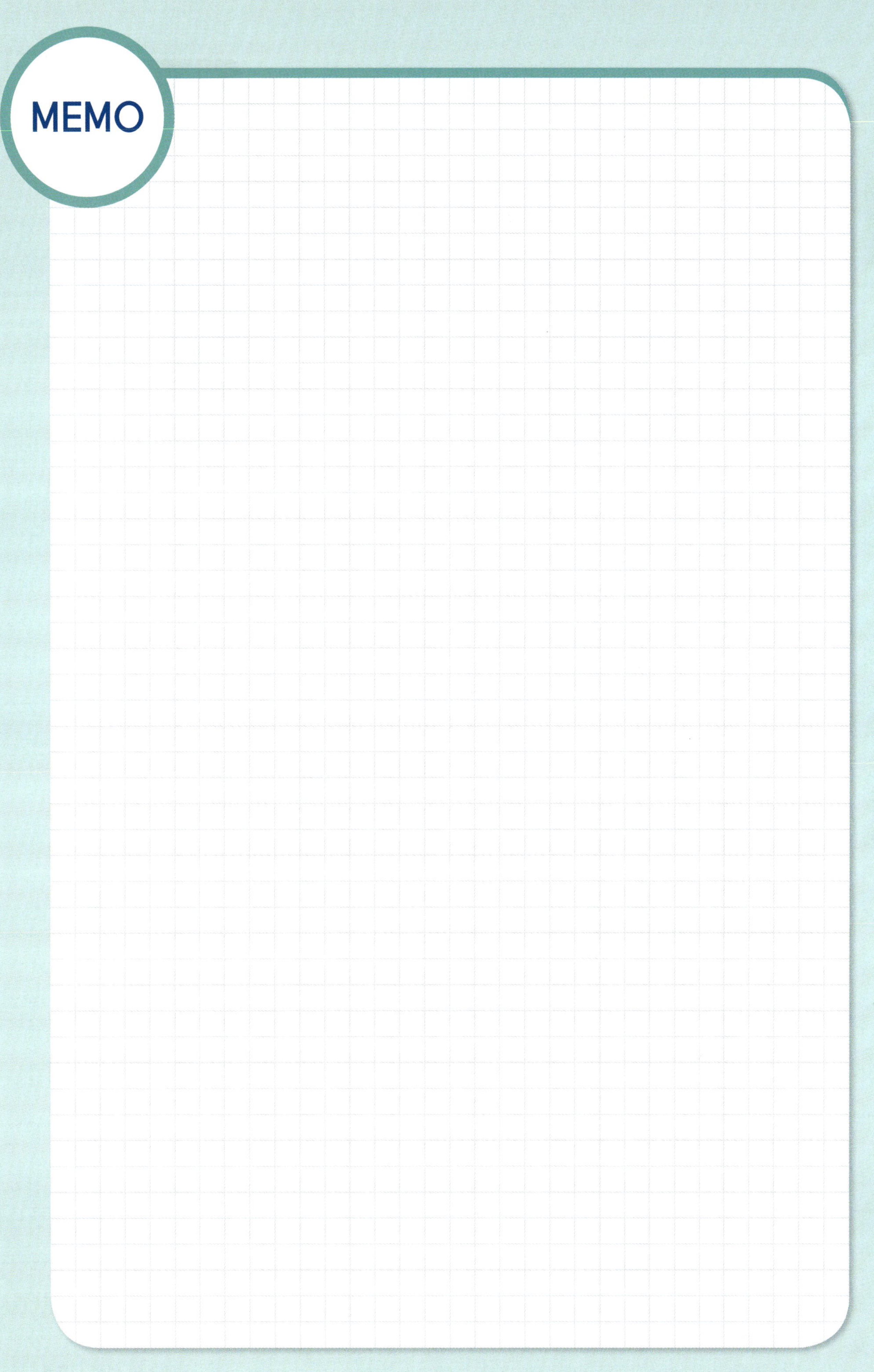
MEMO

정답 및 해설

해결
전략

PA4

(7~8세)

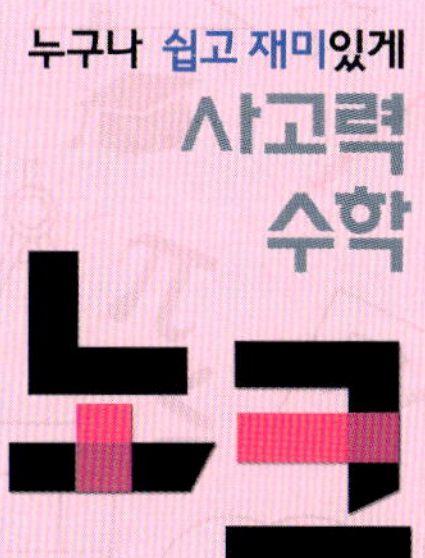

10, 11, 12, 13, 15, 28쪽에 사용하세요.

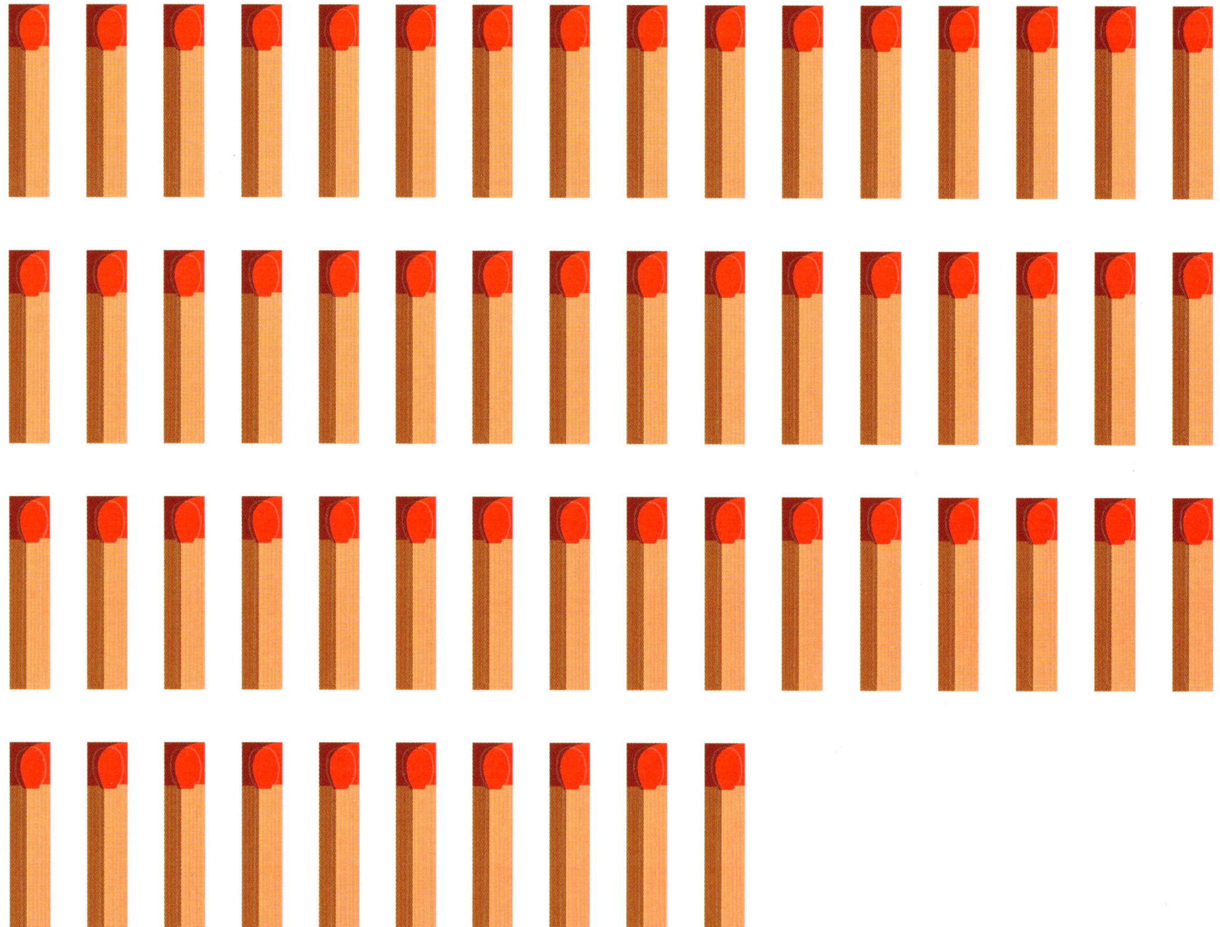

16쪽에 사용하세요.

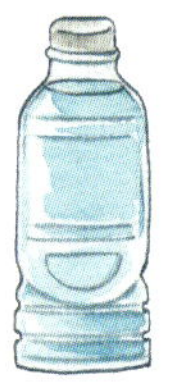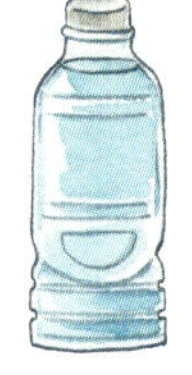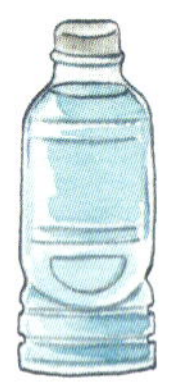

18쪽에 사용하세요.

38쪽에 사용하세요.

39쪽에 사용하세요.

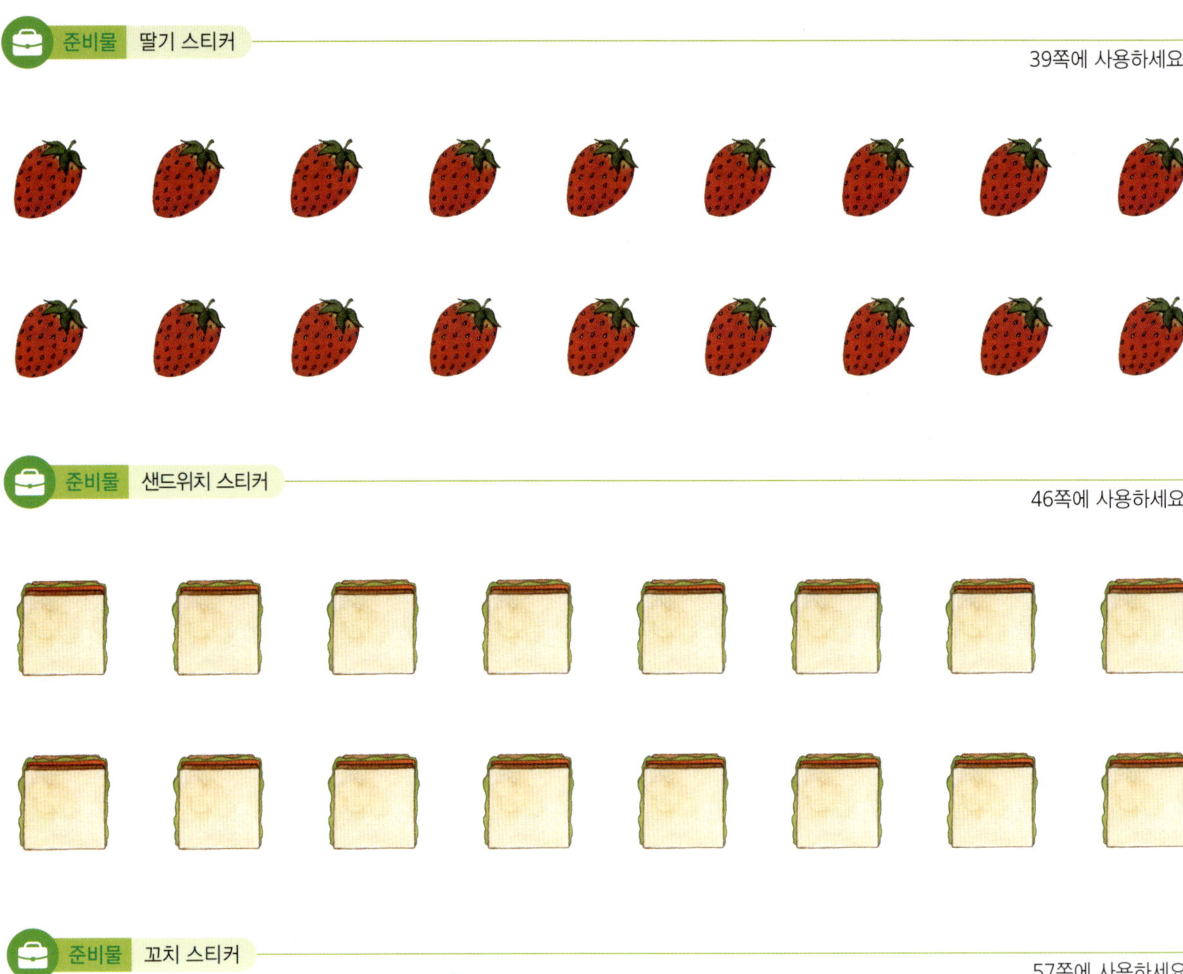

46쪽에 사용하세요.

57쪽에 사용하세요.

78쪽에 사용하세요.

24, 25쪽에 사용하세요.

26쪽에 사용하세요.

27쪽에 사용하세요.

58, 59쪽에 사용하세요.

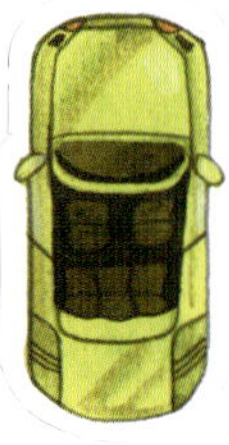  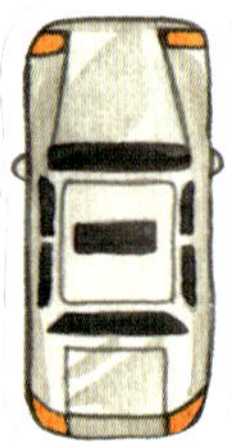  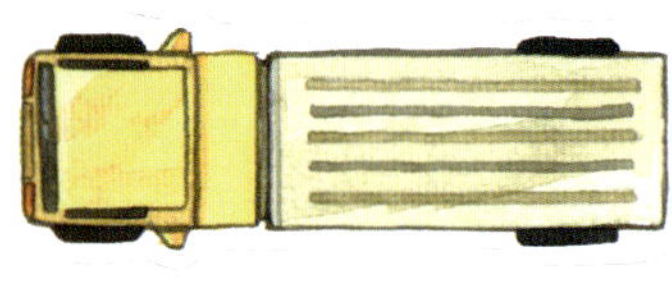

60쪽에 사용하세요.